CITY
NOMICS

CITY
NOMICS

Economia, innovación y territorio

MIQUEL BARCELÓ

A la meva estimada Rosa
i a Marina, Joaquim, Cristina i Mike.

ÍNDICE

TEMA 1: Reflexiones conceptuales

TEMA 2: Políticas de promoción económica

TEMA 3: Ciudades y suelo industrial

TEMA 4: Ecosistemas innovadores

TEMA 5: I+D e innovación

TEMA 6: Estrategia

TEMA 7: Creatividad

TEMA 8: Energía y sostenibilidad

Presentación

Cytinomics, economía, innovación y territorio, es un libro que aporta información sobre la llamada revolución del conocimiento en la que estamos inmersos, y que reflexiona sobre distintos aspectos relacionados con la ciudad, la economía, la innovación y el territorio.

Las dos revoluciones industriales que han tenido lugar durante los siglos XIX y XX en la mayor parte del mundo, han determinado cambios radicales en la forma de vida de las personas que los han vivido. El papel de las ciudades, el desarrollo económico y tecnológico, los modelos energéticos y de movilidad, el papel de la educación y el conocimiento, la innovación y la creatividad como funciones determinantes del desarrollo económico, el papel del sector público en la economía, los espacios de actividad económica etc, cambiaron radicalmente a lo largo de los últimos dos siglos. Sin embargo, desde finales del siglo XX, un nuevo cambio se está produciendo en todo el mundo, en el que las ciudades están jugando un papel protagonista.

Citynomics explica algunos de los cambios radicales que se están produciendo actualmente, debido a la revolución del conocimiento, tales como el nuevo papel de la ciudad, el conocimiento de las personas, el desarrollo económico, la globalización y la innovación que representan factores de cambio que están determinando, y que van a determinar, el futuro de ciudades y de territorios.

Aparte de algunas reflexiones de carácter general, como la lógica de la nueva revolución o el papel del conocimiento en la misma, el libro trata en su capítulo segundo, el papel de las políticas públicas en el desarrollo económico. Hoy en día es necesaria la concertación entre el sector público y el sector privado como elemento central de las nuevas estrategias de promoción económica. Se hace además referencia al concepto de la cuádruple hélice, incorporando a la ppp (public-private partnership), el sector del conocimiento (universidades, investigación y desarrollo) y la sociedad civil. La implicación y el consenso de los cuatro elementos de esta nueva hélice son necesarios para el desarrollo económico de ciudades y países.

Un aspecto central del libro es el nuevo papel de las ciudades, la nueva configuración de los espacios de actividad económica y la creación de ecosistemas innovadores o distritos de innovación. Actualmente las grandes metrópolis del mundo compiten para atraer talento y para generar y atraer inversiones de alto valor añadido donde el talento de las personas juega un papel fundamental.

Un nuevo urbanismo basado en la mezcla de usos y en un nuevo modelo de ciudad compacta, el diseño de espacios públicos y privados que favorecen el intercambio de ideas entre las personas, modelos de movilidad sostenibles y a escala humana, estrategias económicas basadas en el talento de las personas y en la especialización inteligente (smart specialization), el papel de los clústers urbanos; la necesidad de promover políticas públicas y estrategias empresariales de fomento de la innovación y la creatividad; la necesaria transición de los actuales espacios de actividad económica heredados de la economía industrial como los polígonos industriales, hacia nuevos espacios urbanos de actividad económica, y cómo se puede favorecer esta transición. Son todos ellos aspectos que se tratan en el presente libro.

Los temas citados, se tratan a partir de casos concretos y de anécdotas y experiencias del propio autor, con un enfoque práctico y aplicable a nuevos proyectos que tengan por objetivo el futuro desarrollo económico de ciudades y territorios. El autor aporta su experiencia práctica en proyectos concretos, y su conocimiento de otras experiencias y casos, tanto de éxito como de fracaso, para ilustrar posibles líneas de actuación a tener en cuenta en el futuro. Todo ello a la luz de diversos autores y conceptos desarrollados.

Barcelona, Mayo de 2016

CAPÍTULO 1:

Reflexiones conceptuales

1.1

La cultura del proyecto o el síndrome del *PowerPoint*

YA HACE TIEMPO QUE CUANDO ALGUIEN TIENE QUE PRESENTAR UNA IDEA O UN PROYECTO A UN AUDITORIO SUELE ACOMPAÑARSE DE UNA HERRAMIENTA DE REPRESENTACIÓN GRÁFICA EN IMÁGENES Y TEXTOS QUE A MENUDO ES UN *POWERPOINT*.

Esta herramienta de representación es muy útil para exponer ideas y conceptos y, en este sentido, hemos dado un gran paso adelante sobre la forma tradicional de hace unos años.

Todos recordamos aún, por ejemplo, las clases magistrales: el maestro explicaba la lección, los alumnos tomaban nota y luego hacían un resumen. Para evitar tanto trabajo, los más avispados se organizaban para que, de manera rotatoria, fuera sólo uno quien tomara las notas y confeccionara el resumen — los llamados "apuntes" — que irían a parar luego a todos los amigos del grupo.

Las herramientas de representación gráfica, a menudo *PowerPoints*, han supuesto más de un cambio. Uno de ellos es la desaparición de las clases magistrales y los apuntes.

Otro cambio es que nuestra manera de razonar se ha organizado en formato *PowerPoint*. Tanto es así, que cuando alguien nos anuncia que nos expondrá una idea o un concepto le decimos: "¿cuándo nos pasarás la presentación?".

Que nuestra manera de razonar se haya organizado en formato *PowerPoint* tiene algunas buenas ventajas, pero también tiene algunos grandes inconvenientes.

Entre las ventajas de las presentaciones de ideas y conceptos en *PowerPoint*, cabe destacar el hecho de que nos obligamos a pensar de manera estructurada y ordenada sobre nuestras ideas y sobre cómo exponerlas., cosa que no siempre ocurría antes. Otra ventaja es que el *PowerPoint* nos obliga a preparar la exposición en sí, y a hacerlo con responsabilidad porque lo que decimos quedará por escrito y, además, la mayoría de las veces se entregará a los asistentes.

Los inconvenientes aparecen en los casos en que utilizamos los *PowerPoints* para el diseño y la presentación de proyectos que, posteriormente a la presentación, se deberán ejecutar.
Es en este último uso de los PowerPoints donde radica el peligro. Porque bajo el modo de razonamiento *PowerPoint*, y acostumbrados a las meras presentaciones de ideas y conceptos hoy tan frecuentes, caemos en pensar que con la presentación del proyecto ya lo hemos dicho todo, que no hay que añadir nada más antes de pasar a la acción.

La presentación de un proyecto en formato *PowerPoint* puede limitar su contenido a una mera exposición formal olvidando los requisitos propios de un proyecto. Porque, ¿qué es un proyecto?.

Un proyecto es un conjunto ordenado de informaciones precisas que representan el paso entre una idea y su ejecución. Veámoslo con un ejemplo: una idea de un puente o de un edificio puede ser un dibujo; el proyecto, en cambio, es un documento con una memoria, un presupuesto, un programa temporal, unos indicadores de resultados, unos cálculos precisos de su estructura, etc.

¿Se imaginan que cuando quisieran hacer una casa alguien nos dijera que nos basta con el dibujo que nos hará el arquitecto?. Con un dibujo no es suficiente, hay que hacer un proyecto. Pues eso que vemos obvio está pasando hoy en día en muchos "proyectos" sobre todo en el campo socio-económico.

La mayoría de proyectos relacionados con la promoción económica de una ciudad o de un territorio son documentos en formato Power-Point que, en el mejor de los casos, presentan el concepto y un plan de acciones. Y que, sin embargo, se presentan sin una valoración de los recursos necesarios, sin un detalle de los resultados a obtener y sin medidas de impacto o de análisis coste-beneficio. También sin criterios ni herramientas de gestión. De este tipo de "proyectos" podríamos decir que son documentos bien intencionados, más o menos acertados en la descripción. Pero no son proyectos.

Un proyecto conlleva una acción, y gestionar un proyecto es gestionar las acciones que nos llevarán a los resultados deseados.

En general, cuando trabajamos, lo hacemos con diferentes proyectos. Si somos capaces de organizar el trabajo a partir de la definición de proyectos concretos, nuestra gestión será más eficiente. Pensamos que toda actividad profesional, e incluso personal, puede plantearse como un conjunto de proyectos, con sus objetivos, acciones a realizar, calendario, responsables, presupuesto, etc. Nuestras actividades profesionales son de hecho una lista de proyectos que tenemos que definir, organizar y ejecutar como tales. En este sentido, recomiendo la lectura de *"Gestión de proyectos Complejos"*, el libro que escribí con Sergi Guillot, publicado por la editorial Pirámide a finales de 2013. En este libro proponemos un modelo para gestionar proyectos con medidas concretas así como criterios para evaluar nuestros proyectos y poder mejorarlos durante su ejecución.

Un proyecto complejo se distingue esencialmente por el gran número de variables interrelacionadas que deben gestionarse: personas, intereses, entidades... Y para hacerlo hemos de organizar las acciones hacia un objetivo, organizar científicamente el trabajo (tal como proponía Taylor). Pero, ¿cómo se gestiona un proyecto complejo?. Gestionar consiste en organizar unos recursos para obtener un resultado de manera eficiente y efectiva. Gary Hamel define la gestión como la manera más efectiva de añadir el esfuerzo humano. En un proyecto intervienen personas y se han de añadir sus esfuerzos de la manera más efectiva posible. La eficiencia y la efectividad son muy importantes en la gestión de proyectos.

El éxito de un nuevo proyecto depende de muchos factores: la idea genial que enciende el proceso, el líder, el equipo... En nuestra experiencia práctica, lo que condiciona de manera decisiva la consecución de un proyecto es como se aborda, es decir, su gestión y la capacidad de ejecución del equipo que lo lidera. Los proyectos que fracasan, fracasan principalmente porque no se ponen en práctica correctamente, porque los gestores no son capaces de añadir el esfuerzo humano de forma efectiva.

En el citado libro nos centramos en el cómo, porque estamos convencidos de que más allá del y de las ideas geniales, está la gestión. Una mala estrategia con una buena ejecución puede llegar a ser mejor que una buena estrategia mal ejecutada. Sencillamente porque si la mala estrategia incorpora la gestión del cambio y la adaptación al entorno seguirá un proceso de aprendizaje continuo que la irá reorientando hasta encontrar el contenido correcto.

Es indispensable impregnar las organizaciones y las personas de la cultura del proyecto, y proponerlo como una herramienta metodológica básica de reflexión y planificación para la acción ordenada en el tiempo. Hoy en día tenemos un déficit en la gestión de proyectos, la gente no está acostumbrada a trabajar por proyectos y hace falta que rectifiquemos.

1.2

Tercera revolución Industrial y Complejidad

EL AUMENTO DE LA COMPLEJIDAD ES UNO DE LOS
FACTORES CLAVE QUE OBSERVAMOS EN EL ANÁLISIS
DE LOS ECOSISTEMAS INNOVADORES.
NECESITAMOS APRENDER CÓMO
GESTIONAR ESTA COMPLEJIDAD.

Las sociedades primitivas eran más simples comparadas con las actuales. Si observamos nuestro entorno, nos daremos cuenta de que hay una tendencia general hacia un aumento de la complejidad: los problemas de la sociedad, las relaciones personales y los retos profesionales son todos ellos cada vez más difíciles de entender y abordar. Ocurre que continuamente aumenta el número de variables y factores que intervienen en cualquier situación como también aumenta su velocidad de cambio. Todo ello da lugar a sistemas compuestos por numerosas interrelaciones cambiantes, que a primera vista escapan a nuestra capacidad de comprensión.

Los constantes cambios que estamos experimentando requieren una adaptabilidad considerable ante lo nuevo, desconocido e incierto. La complejidad está íntimamente ligada con la incertidumbre. Zygmunt Bauman, eminente sociólogo y filósofo polaco, en su libro *"44 cartas desde el mundo líquido"*, introduce esta idea de la siguiente manera:

> *"La conducta de los sistemas complejos con numerosas variables mutuamente interdependientes es y siempre será, en una palabra, impredecible. No sólo impredecible para nosotros, debido a nuestra ignorancia, negligencia o falta de luces, sino por la propia naturaleza de estos sistemas. [...] El futuro es impredecible porque está, pura y simplemente, indeterminado ".*

Que los sistemas complejos sean impredecibles ¿significa que no tenemos que poder intentar operar con ellos?. ¿Podemos intentar entender algunas de las variables que intervienen y valorar cómo interactúan?. ¿Podemos medir algunos efectos de unas variables sobre otras?. Pienso que sí que podemos: podemos operar en los sistemas complejos, analizar algunas variables y medir algunos efectos.

Algunos ejemplos

Desde las estructuras productivas hasta las relaciones personales, pasando por las organizaciones o el entramado político-administrativo, las sociedades actuales presentan un grado de complejidad mucho mayor que hace cien o incluso veinte años. Y esta es una tendencia creciente que no parece que vaya a modificarse en el futuro.

Además, la crisis en la que actualmente estamos inmersos, pone de manifiesto profundos cambios sistémicos, de valores y de formas de hacer que hasta hoy habían parecido válidos. En el ámbito de la comunicación, por ejemplo, las reglas del juego han cambiado totalmente. La cadena de comunicación simple de emisor-receptor controlada por las empresas y los medios de comunicación de masas se ha alterado de forma radical con la aparición de internet. El cambio radical se encuentra en que ya no se trata de una cadena de comunicación de información unidireccional, porque con internet los consumidores disponen de un poder que hasta ahora no tenían: son consumidores interconectados, poseedores de más información y productores de sus propios contenidos. En este contexto complejo, hay unas nuevas reglas: transparencia, democracia y poder de la ciudadanía. El resultado es que el sistema de comunicación actual es complejo y aumenta progresivamente su complejidad a medida que aparecen nuevas aplicaciones y nuevos agentes que interactúan en el sistema.

Otro ejemplo lo encontramos en el dominio de la economía del conocimiento y los ecosistemas innovadores. El conocimiento ha pasado a ser la variable clave del futuro económico de los países. Pero es importante que tengamos en cuenta que este conocimiento se produce y se transfiere de formas muy diversas y por parte de nuevos agentes que interactúan entre ellos. Los agentes que forman parte de la llamada cuádruple hélice (administración, empresas, instituciones del conocimiento y sociedad civil) interactúan de formas diversas con nuevos agentes que hace tan sólo diez o quince años ni siquiera existían. Nuevas políticas públicas a todos los niveles, influyen en las acciones de los agentes públicos y privados que interactúan entre ellos de formas diversas y cambiantes. Todo ello conforma un sistema complejo de difícil comprensión y en el que no resulta fácil actuar.

Algunas ideas o vías de solución

Entender la realidad actual es cada vez más difícil debido al creciente número de variables implicadas, a la velocidad de cambio de las mismas, en el ámbito global en que actúan y a la cantidad de información disponible. En este contexto, la gestión de proyectos y de organizaciones requiere nuevas herramientas que ayuden a la toma de decisiones y que permitan actuar.

Si pretendemos actuar en un sistema complejo de carácter territorial, seguramente tendremos que empezar haciendo un análisis estructural y funcional del mismo, que nos dé información sobre los agentes en presencia, funciones y resultados que están obteniendo y las interrelaciones entre los mismos. Tendremos una fotografía del sistema actual sobre el que queremos actuar, un punto a partir del cual empezar a pensar qué hay y qué hace falta para aumentar de forma controlada por nosotros la complejidad y los resultados. Queremos saber qué agentes y qué funciones hay que incorporar para lograr los resultados deseados. Por ello es fundamental tener información de otros sistemas que hoy funcionan en el mundo con mejores resultados que los que estamos observando en el sistema objeto de nuestro análisis. Por comparación (benchmarking) observaremos carencias, tanto orgánicas como funcionales y definiremos unos retos para superar estas carencias.

Una vez llegados a este punto, y continuando con el ejemplo de una actuación sobre un sistema complejo de carácter territorial, podremos empezar a programar un conjunto de acciones que actúen sobre las variables clave, a fin de lograr los resultados esperados y un fuerte impacto económico en el territorio. Buscamos incrementos cuantitativos en variables y en resultados que nos permitan conseguir, seguramente a medio plazo, cambios cualitativos determinantes para el futuro económico de la región.

Para gestionar todo ello será necesario que se verifiquen algunas condiciones como: un modelo de gobernanza operativa, un sistema de indicadores apropiado, modelos y herramientas de gestión alineadas con objetivos e instrumentos, etc. Y hay que hacerlo de forma progresiva y con mentalidad abierta que permita procesos de *learning-by-doing* o de aprender-haciendo, que nos permita avanzar en una mayor comprensión del sistema complejo sobre el que estamos actuando.

En los siguientes apartados del libro seguiremos profundizando en los aspectos anteriores a partir de casos concretos.

1.3

Peter Drucker, un referente imprescindible

PETER DRUCKER ES EL FUNDADOR DE LA GESTIÓN MODERNA. NACIDO EN AUSTRIA A COMIENZOS DEL SIGLO XX, TRABAJÓ EN ALEMANIA, Y EN LOS AÑOS TREINTA TUVO QUE EMIGRAR A EEUU. DURANTE SESENTA AÑOS ESTUVO DANDO CLASES Y ASESORANDO EMPRESAS Y ESCRIBIÓ GRAN CANTIDAD DE LIBROS Y ARTÍCULOS. DRUCKER REFLEXIONÓ SOBRE LA REVOLUCIÓN ACTUAL, EL CAMBIO DE LA SOCIEDAD INDUSTRIAL A UNA NUEVA SOCIEDAD BASADA EN EL CONOCIMIENTO.

Hacia el final de su vida, publicó una recopilación de su amplia obra escrita que tiene por título *"Drucker esencial"*, del que se han hecho muchas ediciones. Os recomiendo la lectura y relectura de este libro que es, como afirma su título, esencial para entender lo que está pasando; es un volumen organizado en tres libros que puede ayudarnos a comprender mejor el mundo actual a la vez que puede ayudarnos a orientar nuestra vida profesional y personal. Ahora resumiremos su aportación a la revolución del conocimiento y en próximos apartados iremos destacando otros aspectos de esta obra fundamental.

En cuanto a la aportación de Drucker a la revolución del conocimiento, el autor afirma por ejemplo que la gestión consiste en transformar la información en conocimiento y el conocimiento, a su vez, en una acción efectiva. Para entender el nuevo concepto de gestión de Drucker, antes debemos conocer la diferencia entre información y conocimiento. ¿Estamos seguros de conocerla? La información es un dato; el conocimiento es lo que se incorpora a la cultura personal. La información sería, por ejemplo, 25 grados centígrados. El conocimiento sería la significación práctica de esta información, por ejemplo, la explicación de lo que sucede con una determinada reacción química a esta temperatura. Y aún, en un estadio superior al conocimiento, está la experiencia, que es una acumulación consciente del conocimiento. Tanto el conocimiento como la experiencia deben servir para iniciar una acción efectiva hacia el cumplimiento de los objetivos.

¿Por qué el conocimiento es tan importante para la economía de los países ?. Drucker nos cuenta que a principios del siglo XX *"noventa o noventa y cinco de cada cien personas de la población activa, en todos los países del mundo, eran trabajadores manuales"*. En cambio actualmente, en todos los países desarrollados, el grupo más grande de los que componen la fuerza laboral son trabajadores del conocimiento.

¿Por qué se ha producido esta transformación radical a lo largo del siglo XX ?. Drucker afirmaba a finales del siglo XX, que *"se estaba creando la sociedad post-capitalista"* y pensaba que la transformación no se completaría hasta el 2010 o el 2020. Hoy ya tenemos una cierta perspectiva para pensar que la predicción de Drucker era cierta.

Para llegar a esta conclusión, Drucker hace un análisis histórico de los últimos 250 años en el mundo más desarrollado dividiéndola en dos periodos que se corresponden con la primera y la segunda revolución industrial. Durante la primera etapa de 1750 hasta el 1.900 *"el capitalismo y la tecnología conquistaron el planeta y crearon una civilización mundial".* El saber, que siempre se había relacionado con el ser, de repente pasó a aplicarse al hacer. Había sido un bien privado y se convirtió en un bien público. El saber se aplicó a "herramientas, procesos y productos" creando la Revolución Industrial. La revolución industrial provocó una revolución en todos los órdenes de la vida; en las organizaciones y en las instituciones públicas y privadas. Es el cambio más importante de la historia de la humanidad: creó la ciudad moderna, provocó un cambio demográfico radical y también un cambio en la manera de pensar y en los valores de las personas y de los colectivos humanos.

Pero, ¿qué pasó durante el siglo XX?. Una nueva revolución, la segunda revolución industrial basada en un nuevo cambio tecnológico. Según el autor, la diferencia fundamental la encontramos en el hecho de que el conocimiento se empezó a aplicar en el trabajo marcando el inicio de lo que Drucker llama "la revolución de la productividad", una revolución que en un siglo convertiría al proletariado industrial en una "nueva burguesía de clase media" con un nivel de ingresos similares a los de la clase alta de un siglo antes. La aplicación del saber al trabajo provocó una explosión de productividad que no se había producido durante el siglo XIX. En todo este proceso, Drucker reivindica la aportación decisiva de una persona: Frederick Winslow Taylor.

Taylor, el hombre que fue capaz de entender y aplicar la moderna organización del trabajo para provocar incrementos de productividad, así como el hombre que ha pasado a la historia como sinónimo de mecanicismo y de falta de valores humanos, buscaba, según nos explica Drucker, unos cambios organizativos que, más allá del aumento de la productividad, beneficiaran a los obreros; unos obreros que, como reflejan numerosas crónicas de la época, vivían en unas condiciones muy penosas. Taylor fue una persona incomprendida por los obreros: porque para mejorar la eficiencia del proceso productivo controlaba y cronometraba sus movimientos. Y también fue una persona incomprendida por los patrones: porque defendía que los obreros fueran los principales beneficiarios de los incrementos de productividad.

Sea como sea, Taylor y el taylorismo provocaron un fuerte desarrollo de la economía. La aplicación del saber al trabajo aumentó de forma explosiva la productividad, que se incrementó a un ritmo del 3,5% al 4% anual, lo que significa que aproximadamente cada 18 años se multiplicaba por 2. Desde las aplicaciones de Taylor, durante todo el siglo XX, la productividad se ha multiplicado aproximadamente por 50 en los países desarrollados. Esta es la base material de las mejoras en el nivel y en la calidad de vida de los países desarrollados.

Pero ¿qué pasa a finales del siglo XX según Drucker?. Pues que "la revolución de la productividad se ha convertido en víctima de su propio éxito". Ahora los incrementos de la productividad ya no dependen de la aplicación del saber al trabajo no cualificado porque éste ha pasado a ser marginal. Marginal porque sólo una mínima parte de la población ocupada, estimada entre el 10 y el 15%, se dedica hoy directamente a la producción industrial. Y porque este pequeño porcentaje de población dedicada directamente a la producción industrial dispone hoy día de mucho más conocimiento del que tenían los obreros de hace un siglo. A partir de ahora, lo que importa es la productividad de los trabajadores no manuales, y ello exige "la aplicación del saber al saber".

Este hecho conlleva una revolución en la gestión y en la gestión de la innovación. La revolución en la gestión, resultado de la revolución del conocimiento, se basa en dos características que destaca Drucker: La primera es que, los trabajadores del conocimiento "... son dueños de sus medios de producción, ya que son los propietarios de sus conocimientos". O sea, que así como las máquinas se quedan en la fábrica, el nuevo medio de producción se va cada día a dormir a su casa. Y esto tiene unas consecuencias enormes en la manera en que nos organizamos y producimos actualmente provocando unos cambios radicales en la estructura productiva, en la gestión de las organizaciones y en el comportamiento de las personas. De hecho, el libro está dedicado a estos cambios.

La segunda característica que destaca Drucker es que el trabajador del conocimiento "sobrevivirá a cualquier organización creadora de empleo". Así, mientras que el mapa de organizaciones se reconfigura continuamente, con organizaciones que nacen y mueren a gran velocidad, el trabajador del conocimiento nunca muere con ellas sino que va de una organización a otra aportando unos conocimientos que va adquiriendo y modificando continuamente a lo largo del tiempo.

Peter Drucker tiene el gran mérito de haber entendido lo que estaba pasando durante las últimas décadas del siglo XX, en un momento en que aún no era tan claro como lo es hoy. Vale la pena pues recuperar este autor. Volveremos en próximos apartados del libro.

1.4

Globalización y TIC

EN EN OTROS APARTADOS DEL LIBRO, HABLAMOS DE
LA COMPLEJIDAD Y DE LOS ECOSISTEMAS, AHORA
HABLAREMOS DE OTRA CARACTERÍSTICA DE
LA SOCIEDAD Y LA ECONOMÍA ACTUALES:
LA GLOBALIZACIÓN Y EL CAMBIO TECNOLÓGICO.

La globalización, el cambio tecnológico y la nueva economía del conocimiento son aspectos relevantes de la nueva complejidad.

La globalización acelera el sistema económico en su conjunto, transforma los sistemas productivos en cadenas de valor globales, y supera la lógica de los mercados nacionales y regionales imponiendo modelos de negocio abiertos que propician la entrada de socios y aliados. Los mercados se liberalizan a todos los niveles (nacional, regional y global), lo que conlleva mayor competitividad y mayor rapidez de los cambios.

El nuevo sistema productivo se estructura ahora a escala planetaria mediante la nueva economía en red que ha conseguido, por primera vez en la historia, tener más poder de influencia sobre las personas que lo que tienen las leyes y regulaciones dictadas por los respectivos gobiernos nacionales a los que estas pertenecen. La globalización da poder a la red, tanto en el orden económico como en el social.

En este marco se produce un gran incremento de la producción y del comercio internacional que va de la mano del desarrollo del movimiento de capitales también a escala global.

Aparte de estos aspectos económicos, la globalización tiene otros matices sociales y culturales, como los movimientos antiglobalización, las migraciones, los fenómenos de crecimiento que representan países como China e India y los cambios culturales asociados, que en este apartado no trataremos en profundidad; no porque no sean importantes, que lo son mucho, sino porque caen fuera del ámbito económico y tecnológico que nos ocupa.

Con la globalización, los mercados mundiales tienen cada vez una mayor incidencia sobre las decisiones de las empresas y sobre el conjunto de las organizaciones. También la revolución industrial supuso un proceso de internacionalización y una fase de mayor interrelación entre las diversas economías mundiales. Sin embargo, ahora, con las economías en red, y gracias a las tecnologías de Internet, el proceso ha subido un escalón. No sólo se producen intercambios a nivel global sino que el propio sistema productivo funciona de manera integrada a través de las redes globales.

Cada empresa se encuentra situada en una parte de la cadena global de su sector y esto conlleva unos requerimientos de costes y de productividad a los que debe hacer frente si no se quiere ver expulsada de esta cadena. Asimismo, el mismo concepto de sector escapa a la visión tradicional que teníamos hasta hace poco cuando dividíamos la economía en sectores primario, secundario y terciario. De hecho, todavía hay muchas personas que siguen pensando según el antiguo modelo, tanto en la academia como en los medios de comunicación. Hoy las cadenas de valor integran diferentes actividades de producción, diseño, distribución, innovación, marketing, etc que forman parte del mismo "sector". Para no crear confusión propongo hablar de actividades productivas en lugar de sectores. Por ejemplo, las actividades productivas relacionadas con la alimentación integran desde los productos agrícolas y ganaderos hasta la distribución comercial pasando por la producción industrial, la logística, la innovación y todo el conjunto amplio de servicios asociados a estas actividades.

La aparición y el papel indispensable de las TIC

La empresa, o las empresas cabeceras de la cadena de actividad productiva dominan o intentan dominar el conjunto y por ello necesitan de un uso intensivo de las TIC. Las TIC son tecnologías estratégicas sin las cuales no sería posible coordinar el complejo sistema que representa la cadena, con miles y miles de agentes que deben actuar de forma coordinada. Los agentes de la cadena ganan su derecho a estar allí, siempre que sean capaces de contribuir a la fortaleza de la cadena, a partir de aportar valor con actividades basadas en el conocimiento y la innovación. En el caso de no hacerlo así, el agente o empresa puede verse sustituido de la noche al día por otro agente (o empresa) que lo haga más barato, o más rápido, o que se encuentre más cerca del agente que coordina aquella parte de la cadena, por poner sólo algunos ejemplos.

Poniendo un ejemplo del sector alimentario, la empresa distribuidora Mercadona domina una parte significativa de la cadena de valor del sector en España. Muchas empresas alimentarias españolas venden una parte significativa (en algunos casos prácticamente toda) de su producción a Mercadona que es quien fija precios, márgenes y otras condiciones. Esto hace que el margen de actuación de la empresa proveedora sea muy limitado y viva con la amenaza permanente de ser sustituida o de caer en márgenes económicos negativos. El mismo fenómeno se produce a escala global en otros sectores como el del automóvil o el de la maquinaria de todo tipo. El modo de escapar de esta dependencia es dominar la propia cadena como están haciendo empresas del sector de la moda como Mango o Desigual entre otras. Pero esto no es fácil y en algunos sectores no es posible sin una innovación radical que sitúe la empresa fuera de la cadena de valor tradicional.

La socióloga Saskia Sassen destaca un aspecto de la globalización y las cadenas de valor cuando, comparando Cataluña con Grecia, afirma que en Cataluña *"hay (tenemos) mucha producción localizada, con historias largas, sobre las que hay orgullo y mercado"* [1]. Este tradición, esta cultura industrial innovadora, conlleva capacidad de adaptación a la dinámica de la globalización.

---

[1]   Lo podéis ver en el libro de Carles Capdevila, *Entender el mundo.*

1.5

Crecimientos exponenciales y revolución del conocimiento

EN EL FONDO DE LOS PROCESOS REVOLUCIONARIOS QUE ESTAMOS ANALIZANDO, DESDE LA PRIMERA REVOLUCIÓN INDUSTRIAL HASTA LA ACTUAL REVOLUCIÓN DEL CONOCIMIENTO, OBSERVAMOS QUE, POR RAZONES QUE TODAVÍA NO ENTENDEMOS BIEN DEL TODO, DE PRONTO UNA DETERMINADA VARIABLE EMPIEZA A CRECER MÁS DE LO NORMAL.

Durante las revoluciones industriales: la población urbana, la productividad, el producto interior bruto; actualmente: el número de multinacionales, el comercio mundial, el número y la capacidad de los ordenadores, la información disponible, etc.

En la economía global se ponen de manifiesto procesos exponenciales que podemos enmarcar dentro del concepto de la 'economía exponencial', término introducido entre otros autores por Curtis Carlson en su libro Innovation. La economía exponencial está estrechamente relacionada con la economía basada en el conocimiento y con la globalización. En realidad, la primera es el resultado del desarrollo de las dos últimas. Incluye aquellas partes de la economía que evolucionan con unas tasas de crecimiento exponencial, como las telecomunicaciones, la biotecnología o los productos de consumo, entre otros.

Un claro ejemplo de esta economía exponencial se pone de manifiesto en el campo de los computadores mediante el cumplimiento de la llamada ley de Moore. Según esta ley, el número de transistores contenidos en un "chip" se multiplica por dos cada año y medio desde los años sesenta del siglo XX. Actualmente los chips pueden albergar unos cuantos miles de millones de transistores y la capacidad de un simple smartphone es superior a la de todos los equipos electrónicos que se utilizaron por la Nasa para llevar el hombre a la luna en agosto de 1969. Es el milagro de las funciones exponenciales que están transformando el mundo.

Otro ejemplo significativo de función exponencial lo tenemos en el valor de las redes. En las redes unidireccionales llamadas también de Sarnoff, el valor de una red es proporcional al número de miembros. Sería el caso de una red de televisión formada por una empresa emisora y muchos receptores de sus programas. Cuanta más audiencia (más miembros de la red), más valor tiene esta red y la empresa se apropia de una parte de este valor mediante los ingresos por publicidad. Sin embargo, en las redes multidireccionales, — interactivas o redes de Metcalfe —, el valor de la red pasa de ser proporcional al número de miembros, como ocurre en las unidireccionales, a ser proporcional al cuadrado del número de miembros.
Una red unidireccional de 100 miembros tendría un valor proporcional a 100, mientras que si pasara a tener 200 miembros doblaría el valor de su red. En cambio, si estas redes fueran interactivas (de todos con todos), la primera red tendría un valor proporcional a 10.000 y la segunda un valor proporcional a 40.000. Puesto que el crecimiento es exponencial, vale la pena que podamos actuar sobre redes tradicionales introduciendo, aunque sea poco a poco, elementos de interactividad.

Veamos algunos ejemplos prácticos de la vida diaria sobre cómo se puede hacer esto.

Una red educativa:

Cuando un profesor da una clase a un grupo de 30 personas, si se limita a dar una clase de las llamadas magistrales (aunque a veces sean poco "magister"), el valor de esta red educativa será proporcional a 30. Si en cambio el profesor logra que antes, durante, y después de la clase se produzca una plena participación de todos con todos, aprendiendo cada uno de los participantes, el valor será proporcional al cuadrado de 31 (se supone que el profesor también aprenderá de esta experiencia) que da un valor de 961. A la vista de estos números, parece que vale la pena pensar en clases concebidas como modelos de participación activa con el liderazgo del profesor.

Si esta experiencia la extendiéramos al conjunto del sistema educativo de un país y al conjunto de la población, y pensáramos en un sistema de educación continua que permitiera a los ciudadanos estar en modo de aprendizaje (y por lo tanto de interacción) continuo, los beneficios de todo tipo para este país innovador serían exponenciales, prácticamente incalculables.

Una red de miembros de un club:

Clubs como el Barça o el Real Automóvil Club de Cataluña, o sus asociaciones similares presentes y activas hoy en cualquier país del mundo, cuentan con miles de socios unidos por una afición a unos colores o por un interés específico como por ejemplo conductores de automóvil o amantes de la filatelia, o de la ornitología.

Imaginemos un club, o una asociación, que cuenta con unos 100.000 miembros que reciben periódicamente el boletín de la entidad, en papel o en formato electrónico, y que les permite estar al día de sus actividades, e incluso de participar en algunas. El valor de esta red tradicional es proporcional al número de miembros, es decir a 100.000. Si progresivamente, y utilizando el potencial de internet, pudiéramos establecer mecanismos incentivadores de la participación de los miembros, de todos con todos, lograríamos pasar de un valor de 100.000 a un valor de 10 elevado a la potencia de 10, es decir un 1 con diez ceros, o 10.000.000.000 (diez mil millones).

Un ejemplo de esto es la iniciativa del *"seient lliure"* (asiento libre) del *Barça*. Cuando no puedes ir al campo colocas tu asiento disponible en la web del Barça de modo que otra persona pueda adquirirlo. Esta operación aumenta el número de entradas del club puesto que los ingresos reportados por la compra del asiento se reparten entre el club y el socio que ha puesto su asiento a disposición de otros ocupantes temporales. Este es un ejemplo de cómo a partir de las redes, —en este caso abiertas porque para tener más probabilidades de hacer efectivo el valor "del nuevo asiento" debemos incluir a los no socios— hemos generado un valor de compra (una entrada) que antes no existía.

Una red de clientes o proveedores:

Es el caso de tripadvisor entre otros. Si estoy en un hotel o apartamento y explico mi experiencia, otros miembros de la red pueden beneficiarse de ello, tanto si la opinión es positiva como si es negativa. Cuando quiero ir de vacaciones a una ciudad, miro los alojamientos disponibles, repaso las opiniones de la red de ciudadanos turistas y elijo según mis preferencias. La red ha añadido valor a mi capacidad de elección y, en este caso, todos nos beneficiamos.

Algunas conclusiones:

Cada vez más segmentos de la economía se están incorporando al club de los crecimientos exponenciales. Es por ejemplo el caso de las actividades relacionadas con la comunicación y con las comunicaciones que se dan en los nuevos media o en las tecnologías médicas; y también es el caso, no digamos, de las múltiples actividades relacionadas con el uso de internet.

Los crecimientos exponenciales se dan, primordialmente, en las actividades basadas en el conocimiento, que hacen un uso intensivo de las tecnologías de la información. Es un hecho comprobable que dicho tipo de actividades están cada vez más interrelacionadas entre ellas. Por ejemplo la nanotecnología, los materiales y la mecánica. O la nano-tecnología, la bioinformática i la biotecnología. Lo que significa que ya no hablamos solamente de actividades sujetas a crecimiento exponencial sino de procesos enteros.

El mundo exponencial que nos rodea dificulta nuestra comprensión de la realidad. Durante miles y miles de años el ser humano se ha movido en un mundo bastante estable en el que en general las cosas cambiaban a un ritmo lento. Los hijos vivían un mundo muy similar al de los padres, se trataba de aprender un oficio y de seguir la tradición familiar. Hoy en día la vida de la generación de los nacidos en los 80 y los 90 del siglo pasado, tiene muy poco que ver con la de sus padres. Este cambio generacional y sus consecuencias lo explica muy bien Richard Sennet en su libro "la corrosión del carácter". Tenemos planteado, pues, un difícil reto de adaptación al mundo exponencial, y simultáneamente, como suele ocurrir, tenemos también la gran oportunidad que nos brinda el nuevo mundo.

Tenemos el privilegio de vivir en una época de cambio acelerado y al mismo tiempo tenemos ante nosotros el reto de saber aprovechar sus grandes oportunidades en beneficio de cada uno y del conjunto de la población. El mundo exponencial es nuestro mundo.

1.6

Conocimiento al cuadrado. Peter Drucker 2

EN EL APARTADO 1.3 DEDICADO A PETER DRUCKER Y LA REVOLUCIÓN DEL CONOCIMIENTO, VEÍAMOS UNA PERSPECTIVA HISTÓRICA DESDE LA PRIMERA REVOLUCIÓN INDUSTRIAL HASTA LA ACTUAL REVOLUCIÓN DEL CONOCIMIENTO, PASANDO POR LA SEGUNDA REVOLUCIÓN INDUSTRIAL DEL SIGLO XX QUE ES CUANDO SE PRODUCE LA EXPLOSIÓN DE LA PRODUCTIVIDAD DEBIDA A TAYLOR Y SUS SEGUIDORES.

En el citado artículo decíamos que el conocimiento siempre ha sido importante, y nos preguntábamos: ¿por qué ahora el saber tiene más valor?. Para explicarlo recurriremos de nuevo a Peter Drucker y, en particular, a las reflexiones recogidas en su libro *The essential Drucker*.

Este autor estimaba en 2003 que para el año 2010, en los países más avanzados, solamente el 10% de los trabajadores se dedicaría directamente a fabricar o a transportar objetos materiales.

En estas condiciones, parece claro que la productividad de las economías dependerá de los trabajadores no manuales y de su capacidad para organizar la producción y la circulación de la información de la forma más eficiente; siguiendo la terminología usada por Peter Drucker, dependerá de la "aplicación del saber al saber".

Los espectaculares crecimientos de productividad de la economía industrial durante el siglo XX (en buena parte debidos a Taylor y a sus seguidores), han permitido que para el funcionamiento regular del sistema productivo mundial sea suficiente una mínima parte de la población dedicada a la producción de objetos, de manera similar a lo que había pasado en la agricultura. Ello se ha hecho añadiendo conocimiento al trabajo poco cualificado. ¿Qué hacen los demás trabajadores? Aportar este conocimiento y ofrecer servicios al conjunto de la población.

¿Cómo será posible seguir aumentando la productividad en esta nueva sociedad del conocimiento? Y la respuesta no es otra que innovando o, lo que es lo mismo, agregando nueva sabiduría a esta parte dominante de la población que trabaja con la información y el conocimiento. O, como dice Drucker, aportando saber al saber. Podemos afirmar que hemos pasado de añadir conocimiento a las fábricas, a añadir conocimiento al conocimiento: conocimiento al cuadrado.

La información y el conocimiento adquieren un valor estratégico, tanto para las personas como para las organizaciones y para el conjunto de la sociedad. Así, las personas, las ciudades y los países compiten mediante esta capacidad de generar procesos de conocimiento al cuadrado.

Sin embargo, en 2003, Peter Drucker ponía de manifiesto que la productividad de los trabajadores del conocimiento no estaba creciendo e incluso, en algunas áreas, estaba decreciendo. La primera explicación que Drucker propuso para esta aparente paradoja fue que para conseguir aumentos de productividad en el trabajo cualificado se debía proceder a la "redefinición de la tarea". La conclusión es clara: hay que redefinir los procesos para que sean más eficientes y para que el trabajo cualificado tenga un alto rendimiento.

En este sentido Drucker propuso que para cada tarea basada en el conocimiento nos preguntásemos: "¿qué valor se supone que agrega esta tarea?", y que lo hiciésemos para centrarnos en las tareas que agregasen más valor al proceso. Además, "…para aumentar la productividad en las tareas que requieren conocimientos, es necesario pensar a qué categorías de rendimiento pertenece determinado trabajo".

Para cada tipo de trabajo el rendimiento significa cantidad y calidad en dosis diversas, de modo que en todo momento debemos conocer, para cada tarea, cuál es el factor implicado (cantidad o calidad) para así poder responder en el modo que permita aumentar el rendimiento.

Por ejemplo: en el trabajo en un laboratorio de investigación el rendimiento está relacionado con la calidad. En este caso, para aumentar el rendimiento del personal investigador, será bueno liberarle de tareas administrativas mediante el apoyo técnico correspondiente. En cambio en el caso de un vendedor especializado en una gran tienda, donde la calidad y la cantidad son relevantes, para incrementar la productividad se deberán tener en cuenta ambos factores.

La conclusión de Drucker es que en las tareas que requieren conocimiento es necesaria una "revolución productiva" como la que representó Taylor en la segunda revolución industrial. Y añade que en este escenario, el aprendizaje continuo es condición sine qua non para conseguir rentabilidades crecientes. Y Drucker termina esta reflexión con una idea importante: hay que tener en cuenta que la gente con conocimientos aprende más cuando enseña. Creo que todos lo que nos dedicamos, de una forma u otra, a la enseñanza hemos experimentado este fenómeno, a menudo entendemos mejor un aspecto de un tema complejo cuando intentamos razonarlo en clase.

Me pregunto si esta revolución productiva que reclamaba Drucker ya se está produciendo o si seguimos esperando al nuevo Taylor del siglo XXI propensos, como humanos que somos, a quedarnos en la zona de confort de lo conocido. Pero debemos tener en cuenta que la nueva revolución tiene características distintas a las dos primeras. La revolución del conocimiento ya está aquí, pero nos resulta difícil entender la nueva cultura y los nuevos valores que representa. Es un cambio histórico radical que seguramente tardaremos un tiempo en asimilar.

Algunas conclusiones operativas

Primera, si el conocimiento es el factor clave para la competitividad y el bienestar material de los países, sus políticas educativas serán la clave de su futuro. Necesitamos nuevos modelos educativos basados en el aprendizaje continuo.

Segunda, si las personas con talento son las que permiten el desarrollo económico y social de los países, generar, atraer i fijar talento será la tarea fundamental de las políticas públicas.

Tercero, para atraer y fijar talento necesitamos ecosistemas innovadores donde este talento desarrolle su creatividad, como veremos en el capítulo 4.

Finalmente, si la economía se desarrolla a escala global, la conexión con el talento existente a nivel global requerirá de mecanismos de comunicación y de estructuras organizativas en red que seguramente romperán la lógica organizativa de las actuales instituciones públicas y privadas.

1.7

Alianzas y ética profesional

EN PLENO MES DE AGOSTO, ALGUNAS DE LAS
ACTIVIDADES MÁS ESTIMULANTES QUE UNO PUEDE
HACER, APARTE DE LAS RELACIONES PERSONALES Y
FAMILIARES, FIESTAS MAYORES, PLAYAS ETC., CONSISTE
EN LA LECTURA O RELECTURA DE LIBROS Y PENSAR
EN TEMAS SOBRE LOS QUE NORMALMENTE NO
TENEMOS TIEMPO DE REFLEXIONAR.

El articulo que presento en este apartado reflexiona sobre las alianzas y la ética profesional. Empezaré resumiendo lo que los autores, Sergi Guillot y yo mismo, hemos dejado escrito sobre el tema en el libro *Gestión de Proyectos Complejos*.

Un proyecto complejo solamente tendrá éxito si es capaz de tejer a su alrededor las alianzas necesarias, tanto del mundo empresarial como del entorno público. Tenemos la tentación de hacer las cosas solos y a nuestro modo sin tener en cuenta a los demás. Sin embargo, en el contexto de la complejidad actual, actuar así limita y empobrece los resultados. Hoy en día más que nunca tenemos que tomar consciencia de la necesidad de compartir con los otros, los aliados del proyecto a los que en el ámbito personal llamamos amigos. Necesitamos alianzas y éstas requieren participación, responsabilidad y compromiso mutuo.

Naturaleza de los aliados

El primer paso a la hora de establecer una alianza es definir la naturaleza del aliado que se necesita. Un análisis de la estrategia del proyecto permite entender el tipo de aliado apropiado. Implicarle desde el principio es un elemento crítico para el buen desarrollo de la alianza, porque en ese momento todavía se pueden compartir elementos fundamentales que aún están por decidir. Uno puede definir la estrategia inicial y tomar la iniciativa de forma individual, pero si no implica a los aliados desde el primer momento, corre el riesgo de plantear erróneamente el proyecto y excluir implícitamente a los posibles socios. Por otro lado, cabe decir que compartir el proyecto desde el primer momento no debe suponer necesariamente la pérdida del control sobre el mismo.

Una alianza no conlleva la renuncia al liderazgo ni la sumisión de ninguna de las partes. El equilibrio de responsabilidades del acuerdo no debería tampoco bloquear el conjunto o las decisiones a compartir. Pero, no todo debe ser compartido. Lo que manda a la hora de tomar la decisión sobre qué y en qué grado compartir es el buen funcionamiento del proyecto. Y lo que lleva a establecer este equilibrio es la convicción de estar compartiendo un proyecto sólido desde el inicio que se irá desarrollando mediante la confianza y la participación activa de los aliados.

Como decíamos al inicio, el primer paso consiste en determinar el perfil de los aliados que requerimos. Podemos también estructurarlos por categorías según su naturaleza, de forma que para cada categoría se pueda pensar en diferentes alternativas. Recordando el caso del desarrollo urbanístico, y más específicamente al proyecto 22@Barcelona que se presenta en el capitulo 3, las categorías de los posibles aliados más relevantes a quien contactar en el momento de desplegar dicho proyecto eran la administración pública, las universidades y los promotores inmobiliarios. Cada uno de estos potenciales aliados tenían intereses distintos y nuestra propuesta de valor debía adaptarse a cada uno de ellos: la administración pública estaba interesada en los resultados internos para el crecimiento económico; las universidades, en los objetivos de los grupos de investigación; y los promotores inmobiliarios, en sus ingresos y su tasa de retorno de la inversión.

Es pues fundamental, ante todo, entender los intereses y conocer a nuestros aliados potenciales; ponernos en su lugar, saber qué les preocupa, qué elementos personales y profesionales valoran la persona o institución con la que queremos tejer una alianza… Nunca debemos olvidar que las alianzas entre compañías e instituciones las hacen las personas. Por ello, comprender, conocer y ganarnos su confianza es un elemento imprescindible. No comprenderlo es una fuente de fracaso muy común.

Naturaleza de las alianzas

Las alianzas no se tejen solamente en base al mero interés de las corporaciones por un proyecto o negocio concreto y tangible, sino que las relaciones personales juegan un papel fundamental. Así distinguimos entre alianzas personales y corporativas.

Una alianza personal está basada en el compromiso entre dos seres humanos, y en el respeto y la admiración mutuas. Como ejemplo de ello tenemos la buena relación entre dos directores generales que permite acuerdos de colaboración, pactos no escritos, sin que la alianza se haga explícita. En cambio, una alianza corporativa, aparte de requerir de un buen vínculo personal basado en la confianza, surge más bien de una necesidad de complementación entre las partes, y de conocimientos y experiencias en lo que atañe a un determinado proyecto. Ello conlleva un pacto detallado y específico, sobre el plan que se va a llevar a cabo. Un buen ejemplo de esto sería una alianza construida para constituir una UTE (Unión Temporal de Empresas) entre dos o más compañías con el objetivo de desarrollar un proyecto conjuntamente.

El factor humano, determinante en el tipo de alianzas personales, también es imprescindible en las alianzas corporativas. De la misma forma en que encontramos motivos para construir una alianza, debemos ser conscientes de que existen muchos otros, a veces más, para que esa alianza no se cree. El factor humano, la confianza y los valores compartidos son los elementos que aseguran una alianza estable y cohesionada.

Stefan Zweig (1881-1942) fue uno de los mejores escritores del siglo XX. Entre sus obras más destacadas está la biografía de Joseph Fouché, político francés que formó parte de los distintos gobiernos y regímenes durante la Revolución francesa. Se trata de una obra muy interesante, entre biografía y novela histórica, que narra la historia de Francia y Europa en aquella época desde una perspectiva muy peculiar, la de un auténtico traidor y superviviente. Joseph Fouché nos sirve de ejemplo de negociador implacable (maquiavélico y con poco sentido ético), que siempre estaba en el bando de los ganadores, que iban cambiando muy de prisa al ritmo de la guillotina. ¿Cómo gestionar la complejidad y las alianzas en un periodo tan turbulento?.

En uno de los pasajes de la biografía de Fouché se explica una anécdota muy relevante con respecto a la bondad de las alianzas. Hubo un momento determinado en que Napoleón no entendió que le convenía una alianza, aunque fuera temporal, con la aristocracia, que lo estaba atacando desde el norte de Francia. Napoleón fusiló al emisario de la nobleza, lo que provocó la reacción de ésta y en último término el fracaso de su proyecto. Refiriéndose a ese momento, Fouché, que era un traidor, pero un traidor inteligente, dijo desde su perspectiva: *"fue peor que un crimen, fue un error"*. Para Fouché, un crimen no tenía importancia, era peor equivocarse en la construcción o la destrucción de una alianza. Este pasaje ilustra muy bien la necesidad de escoger bien las alianzas, y en todo caso de *"no matar a un aliado"* (metafóricamente).

Uno debe procurar no cometer errores con los aliados porque puede provocar un efecto boomerang: la alianza de los competidores. A veces una alianza puede tener por objetivo evitar justamente la alianza entre competidores, o la alianza de un aliado con un determinado competidor; alianzas éstas que podrían dañar los intereses del proyecto. En este sentido, el momento, el tiempo, son claves. Es fundamental anticiparse a los competidores para buscar los mejores partners y aliados, fortalecer nuestro proyecto y evitar que el competidor lo haga antes. En un contexto de recursos limitados y de proyectos a largo plazo, asegurar fuertes alianzas con partners clave puede determinar el éxito de un proyecto. Si cometemos un error y nuestros competidores se asocian en nuestra contra, tendremos un problema. Por ello, en un entorno competitivo, debemos promover nuestras alianzas anticipándonos a las de los demás.

La negociación: cómo establecer una buena alianza

Saber gestionar el proceso negociador en el establecimiento de una alianza es un elemento clave para su éxito. El proceso de negociación de un acuerdo no debe ser excesivamente largo, ni tampoco demasiado corto. El primer caso es seguramente fruto de una mala gestión del proceso o de falta de fundamento para el pacto. En estas ocasiones lo mejor es reconocer el desacuerdo, saber decir "no" y terminar las negociaciones. Hacerlo a tiempo permite no quemar en exceso ambas partes y dejar, en todo caso, una puerta abierta a un futuro acuerdo. Por el contrario, si el pacto es demasiado rápido pueden quedar muchos aspectos sin concretar susceptibles de provocar malentendidos más adelante.

Es importante aprender a reconocer si nuestro interlocutor tiene predisposición a llegar a un acuerdo o si lo que ocurre es que se ha sentado a la mesa de negociación con otros objetivos como por ejemplo: a conocernos, aprender de nosotros, tantear condiciones, o simplemente por compromiso y por no saber decir "no". El caso más paradigmático en estas ocasiones, según nuestra experiencia, lo encontramos en la Administración Pública que, por aquello de quedar bien con todos y mal con nadie, tiene la tendencia de prolongar las negociaciones hasta que se mueren solas o de llegar a acuerdos de mínimos. Estos procesos sólo sirven para perder el tiempo y consumir energías, así que hay que ser valientes y evitarlos desde el principio.

Tan importante es ser firme y tener discurso propio como saber adaptarse y ser flexible. Es esencial conocer nuestros límites y procurar entender rápidamente los límites de nuestro potencial aliado. No se puede gestionar un proyecto complejo sin cultivar alianzas compatibles y diferentes.

En el proceso negociador de una alianza a largo plazo se inicia la construcción de la relación. Existe el peligro de centrarse demasiado en el resultado de la negociación y no tanto en el proceso en sí y en la creación de la confianza y el compromiso mutuos. El proceso negociador es el momento más adecuado para compartir formas de hacer, principios, valores, etc. y así poder identificar y seleccionar un buen partner, con quien empezar un arduo camino hacia el éxito. En definitiva, en las relaciones a medio o largo plazo, las condiciones cambian y los acuerdos se modifican, pero el partner se mantiene, y es prioritario saber seleccionar un buen compañero de viaje con el que convivir y gestionar situaciones futuras.

Aliados a evitar

A partir de nuestra experiencia con algunos aliados, hemos identificado comportamientos que se repiten y que terminan dando malos resultados. Si sabemos identificarlos durante la negociación, podremos evitarlos. No debemos pecar de voluntarismo para llegar a un acuerdo si no se dan unas condiciones mínimas para el mismo.

Uno de los comportamientos comunes es el que llamamos el "síndrome del navegante". Se identifica con aquel aliado que se implica poco en los acuerdos y se alía con todos. No mantiene una postura clara, navega entre dos aguas y siempre dice lo que su interlocutor quiere escuchar. Esta actitud da resultados a corto plazo porque básicamente se evita el conflicto y se facilitan los acuerdos. Pero la experiencia nos enseña que este tipo de partners no es fiable, porque no se posicionan, no tienen compromiso y no presentan una estrategia propia. Aunque este partner es maleable y puede parecer un partner atractivo por su docilidad, dicha facilidad acaba volviéndosenos en contra.

Otro de los comportamientos que hemos experimentado es el que llamamos el del "síndrome de la posguerra o del superviviente". Se trata de personas o de organizaciones preocupadas exclusivamente por aspectos puramente económicos. Siempre reducen los acuerdos al "¿qué hay de lo mío?" y no priorizan el contenido del acuerdo. En definitiva, no son capaces de compartir proyecto, sólo buscan un partner para asegurar su sustento económico.

Otro comportamiento común es el del *free rider*. Básicamente se caracteriza por aprovecharse gratuitamente del esfuerzo de los otros aliados, priorizando únicamente sus propios intereses. Por tanto, es incapaz de buscar lo que toda alianza debe perseguir: una situación de win-win (ganar-ganar) en la que todos los implicados estén dispuestos a hacer un esfuerzo y a renunciar a una parte de lo que idealmente les hubiera gustado.

Existen también los "traidores" como Fouché que suelen ser más difíciles de identificar al principio, pero para los que sí se pueden prever medidas para evitarlos, al menos en parte. Si existe alguna duda o no se confía plenamente en un partner, una posible solución es definir un acuerdo progresivo que implique una relación inicial con la que no perdamos mucho en caso de fracaso. Ese paso inicial nos da mucha información y nos permite valorar al partner y decidir su continuidad sin un excesivo coste.

Incentivos en las alianzas

Frente a la necesidad de establecer alianzas fructíferas a la hora de emprender un proyecto complejo, se nos plantea la importancia que adquieren los incentivos que las diferentes partes han de tener para procurar un beneficio mutuo y evitar así la tentación de la traición.

Esta afirmación puede ser explicada con lo que se conoce como el dilema del prisionero, un caso de la teoría de juegos en el que dos jugadores tienen la opción de cooperar o de traicionarse con el único objetivo de maximizar sus beneficios individuales, independientemente de los beneficios de la otra parte. La formulación clásica del dilema afirma que la elección que predomina, en general, es la traición mutua, conduciendo a las dos partes a la obtención de un beneficio inferior que si hubieran colaborado. La matriz de beneficios del juego se podría explicar de la siguiente forma: si el aliado 1 coopera y el aliado 2 coopera, ambos eligen una estrategia altruista, los dos ganan; si, en

		ALIADO 2 / PRISIONERO 2	
		Cooperar	Traicionar
ALIADO 1 / PRISIONERO 1	Cooperar	GANA **GANA**	PIERDE MUCHO **GANA MUCHO**
	Traicionar	GANA MUCHO **PIERDE MUCHO**	PIERDE **PIERDE**

cambio, uno traiciona y el otro coopera, el traidor gana mucho y el otro pierde mucho; finalmente, si los dos se traicionan, elección de estrategias egoístas, ambos pierden.

En definitiva, si en una negociación llevada a cabo para establecer una alianza se consigue que ambas partes elijan estrategias colaborativas, el proyecto tiene más posibilidades de contar con una relación a largo plazo que contribuirá al éxito de la empresa.

Lo anterior nos dice que es necesario definir unos incentivos adecuados entre los aliados. Ambos deben tenerlos muy claros para permitir el inicio de una buena negociación de alianza de un proyecto. Sin estos incentivos bien determinados y compartidos, orientados a la consecución de unos objetivos previamente acordados, difícilmente se llegará a una alianza basada en la colaboración. En este sentido, las buenas alianzas se basan en un comportamiento suficientemente abierto, dialogante y de confianza que permita conocer los incentivos de las dos partes y asegurar que éstos sean reales y tangibles, que posibiliten fijar y delimitar un buen campo de acción.

Algunas reflexiones personales:

Hasta aquí el resumen del libro, ahora para terminar propongo algunas conclusiones prácticas.

- Para el desarrollo de un proyecto necesitamos aliados con los que compartir valores y objetivos.
- Los aliados deben responder a un perfil concreto y la alianza debe basarse en la transparencia y en la confianza mutua entre dos o varias personas.
- El proceso de negociación que nos lleva a una alianza debe seguir determinadas pautas como las apuntadas, con el objetivo de cerrarla en un tiempo razonable y de conseguir construir la confianza necesaria entre los aliados.
- Hay que evitar determinados aliados como los del tipo que se han descrito.
- En una alianza no hay un ganador ni un perdedor, ambas partes deben sentirse satisfechas del proceso y deben creer firmemente en los resultados esperados que irán en beneficio de ambas partes.

1.8

La gestión de uno mismo, Peter Drucker 3

ESTA ES LA TERCERA ENTREGA DEDICADA
A PETER DRUCKER.

En apartado 1.3 anterior hablábamos de la revolución del conocimiento, veíamos una perspectiva histórica desde la primera revolución industrial hasta la actual revolución del conocimiento, pasando por la segunda revolución industrial del siglo XX que es cuando se produce la explosión de la productividad debida a Taylor y sus descendientes. En el apartado 1.6 nos referíamos a la economía del conocimiento y decíamos con Drucker, que la productividad de las economías dependerá de los trabajadores no manuales y de su capacidad para organizar la producción y la circulación de la información de la forma más eficiente; siguiendo la terminología usada por Peter Drucker, dependerá de la "aplicación del saber al saber".

Ahora, volveremos a su obra *The essential Drucker* y concretamente a la parte dedicada a la carrera profesional que lleva el título de "la gestión de uno mismo". Drucker hace una serie de interesantes reflexiones y recomendaciones sobre la carrera de un profesional en la sociedad del conocimiento, a partir de su rica experiencia personal. Seguidamente resumiremos sus principales ideas.

Las 7 experiencias de Drucker

Primera.

A los 18 años, Drucker dejó Viena y fue a trabajar a una empresa de algodón, pero sus padres querían que fuese a la universidad, y para complacerles se matriculó en derecho en Hamburgo. No iba a clase, pero cada tarde iba a la biblioteca y durante 15 meses leyó y leyó. También iba a la ópera, fue un día a una de Verdi que le impactó, Falstaff. Cuando investigó vio, que la había compuesto a los 80 años, esto le abrumó, primero por la edad de Verdi, ya que la gente no vivía tanto en el pasado y luego porque creía extraordinario que a los 80 años pudiera componer algo tan increíble. Buscando información sobre Verdi, encontró que él decía:"toda mi vida me enfoqué en buscar la perfección, ésta siempre se me escapó, con seguridad tenía la obligación de hacer un intento más", y esa fue la última ópera que escribió. Estas palabras se convirtieron en el norte de Drucker para toda su vida y cuando escribió este libro tenía también más de 80 años.

Segunda.

Por la misma época de la experiencia con la ópera, también leyó una historia de Fidias, el más grande escultor de la Grecia antigua. Hizo las esculturas que están en el Partenón de Atenas, 2400 años después. Por la posición de las estatuas situadas en el techo, solo se podía ver la parte delantera, y cuando Fidias fue a cobrar por su trabajo, no le querían pagar, le dijeron que pretendía cobrar por esculpir una estatua íntegramente, cuando solo hacía falta la parte delantera, le dijeron que quería cobrar el trabajo de esculpir la parte trasera que nadie puede ver. Fidias dijo que estaban equivocados, ya que "los dioses pueden verlo".

Siempre hay que esforzarse por la perfección,
aunque solo los dioses puedan verlo.

Tercera.

Un par de años después, se fue a Francfurt, primero trabajó como aprendiz en una agencia de corredores de bolsa, pero ésta quebró cuando la bolsa de nueva York colapsó en 1929. Entonces, fue contratado como redactor financiero y de asuntos exteriores del periódico más importante de la ciudad. Tenía 20 años y seguía inscrito en la universidad. Como se acordaba de Verdi y Fidias, se esforzó en leer y estudiar cosas para ser un periodista competente.

Elaboró un sistema que utilizó siempre, cada 3 o 4 años elegía una nueva materia y estudiaba sobre ella; Estadística, historia medieval, arte japonés, economía, política. Decía que 3 años de estudios no son suficientes para dominar una materia, pero si para entenderla. Esto le dio mucho conocimiento, pero sobre todo le obligó a abrirse a nuevas disciplinas, nuevos enfoques y nuevos métodos.

Aprender nuevas disciplinas durante toda la vida.

Cuarta.

Drucker relata como en el periódico donde trabajaba, su jefe los reunía 2 veces al año y les hacía una revisión del trabajo, mirando tanto lo bueno como lo malo. Aprendió que siempre hay que hacer una revisión del trabajo realizado y modificar todo lo mejorable. Otros autores como Deming han insistido en el tema de los ciclos de mejora continua, en este caso con el Ciclo de Deming, un ejercicio sencillo de aplicar y muy positivo para la implicación de un equipo en la mejora continuada de un plan de trabajo previsto para un periodo de tiempo determinado. Se trata del ciclo *Plan-Do-Check-Act.*

Quinta.

En 1933 se fue a Londres a trabajar como analista de valores en una empresa de seguros, rápidamente lo ascendieron a secretario ejecutivo, pero él continuaba haciendo los análisis de valor, un día el gran jefe lo llamó y le dijo que él era el secretario ejecutivo y no el analista, "debimos dejarlo donde estaba", dijo el socio. El jefe le preguntó qué debería estar haciendo para ser más eficaz en su nueva tarea y Drucker le entendió.

Se trata del conocido principio de Peter, que dice que toda persona llega a su nivel de incompetencia porque cuando hace bien una tarea le van ascendiendo hasta que la hace mal. La lección en este caso es no hacer lo que sabes hacer bien, si no lo que debes hacer según la tarea que te han asignado.

Sexta.

En 1937 Drucker fue a los EEUU, y en esta época estaba estudiando historia de Europa de los siglos XV y XVI. Se dio cuenta que los jesuitas y los calvinistas eran las dos organizaciones con más éxito, y que uno de los factores de este éxito era que cuando tomaban decisiones importantes, antes escribían los resultados que preveían. Meses después se adoptó en su trabajo el método de escribir los resultados previstos y compararlos después con los resultados reales.

Drucker recomienda que cuando se programa una actividad hay que escribir las previsiones y compararlas después con los resultados.

Séptima.

En 1949, Drucker empezó a dar clases de gestión en la Universidad de Nueva York. Su padre tenía un amigo que se llamaba Schumpeter, un gran economista (como sabeis, en los años 30 Schumpeter propuso una definición de innovación que todavía es vigente). Fueron a visitarle a su casa. En su juventud este hombre decía que quería ser recordado por ser el mayor amante de bellas mujeres, el mejor jinete y como el más importante economista. Ahora ya mayor, le preguntaron lo mismo y respondió, que quería ser recordado por haber hecho diferente la vida de la gente, al menos de alguien. 5 días después murió. Drucker nunca olvidó la conversación y aprendió 3 cosas. Una, debes preguntarte los hechos por los que quieres ser recordado. Segunda, la respuesta debe cambiar a medida que envejeces, tanto por la madurez como por los cambios del mundo. Finalmente, hay que ser recordado por las aportaciones que has hecho a la vida de la gente.

Resumiendo:

Primero: buscar la perfección durante toda la vida, como Verdi.
Segundo: esforzarse por la perfección, aunque solo los dioses puedan verlo, como Fidias.
Tercero: aprender nuevas disciplinas durante toda la vida.
Cuarto: hacer revisiones periódicas del trabajo realizado y modificar todo lo mejorable.

Quinto: preguntarse qué debo hacer para ser más eficaz en mi tarea.

Sexto: escribir las previsiones y compararlas después con los resultados.

Séptimo: preguntarse porque quieres ser recordado, ir cambiando la respuesta con el tiempo y finalmente ser recordado por lo que has aportado a la vida de la gente.

Conclusión final: creo que vale la pena seguir aprendiendo del maestro Peter Drucker.

CAPÍTULO 2:

Políticas de promoción económica

2.1

Algunas reflexiones sobre promoción económica.1

EN EL MARCO DE LA TERCERA REVOLUCIÓN INDUSTRIAL EN EL QUE ESTAMOS ACTUALMENTE, EN DETERMINADOS TERRITORIOS DEL MUNDO SE DA UNA ELEVADA CONCENTRACIÓN DE ACTIVIDADES ECONÓMICAS DE ALTO VALOR AÑADIDO.

Estos territorios forman ecosistemas innovadores que atraen talento e inversiones en nuevas empresas y centros de investigación. A partir de la experiencia que nos ofrecen estos casos se pueden sugerir algunos elementos de reflexión sobre cómo actuar para promover la actividad económica en un territorio, teniendo en cuenta sus características particulares así como las actuaciones que se han llevado a cabo hasta ahora.

En el actual contexto de crisis económica se producen dos fenómenos de forma simultánea en el tiempo:

- Aumentan las necesidades de la población a nivel social, económico y de empleo.
- Reducción de los recursos públicos y finalización de programas que financiaban las actividades públicas de promoción económica y los servicios sociales.

Esta situación pone en cuestión el actual modelo de promoción económica local basado en las agencias locales creadas durante los años 1980 debido a que es un modelo difícilmente sostenible por diferentes motivos entre los que destacan:

- El modelo actual suele tener una estructura de costes elevada y fija.
- Tiende a ser un modelo cerrado en sí mismo y a adoptar una praxis más reactiva que proactiva.
- Es poco generador de proyectos e iniciativas innovadoras. Tiende a repetir programas e iniciativas año tras año.
- No aprovecha suficientemente los recursos de la sociedad y del ecosistema local. En general, suele ser un modelo endogámico que no lidera procesos de transformación con los otros agentes públicos y privados potencialmente implicados. La cuádruple hélice de la UE suele brillar por su ausencia.
- No tiene capacidad para liderar transformaciones territoriales radicales, necesarias en la actualidad. En general, gestiona servicios poco innovadores.
- Suele basar su actuación en objetivos de actividad (cursos realizados, empresas atendidas) más que en términos de lo que es sustancial, que es cuáles han sido sus resultados en cuanto a la contribución al crecimiento económico del territorio.

Este panorama plantea un gran reto a las políticas públicas de ámbito local, reto que merece una respuesta decidida. Aquí no caben medias tintas, o seguimos igual gestionando una lenta e inexorable decadencia, o reaccionamos reformando con urgencia el actual sistema de promoción económica local. Veamos algunas de las características que debería reunir este cambio.

En primer lugar, ante la crisis económica y de modelo de promoción económica local, hay que situar la reforma en el núcleo de la agenda política local. Una nueva política económica es posible y necesaria como base de una nueva política social. La mejor política social es la que permite la creación de puestos de trabajo. La política de promoción económica local no puede ser lo que hacen las correspondientes concejalías de promoción económica de los ayuntamientos, debe ser la política del territorio (en mayúsculas) y por eso debe depender del máximo nivel, el alcalde o el presidente del consorcio o la agencia territorial correspondiente.

En segundo lugar, a la falta de recursos públicos hay que responder con modelos de partenariado público-privado y con fórmulas de apalancamiento a todos los niveles territoriales (Cataluña-España-Europa) y estructurales (cuádruple hélice). Esto solo es posible con un cambio de política en la que la agencia local no es "mi agencia" sino un instrumento de la sociedad para favorecer la actividad económica de una zona, con independencia de quien lidera o quien ejecuta cada una de las acciones resultado del consenso social de un territorio.

En tercer lugar, hay que plantearse cómo se puede hacer este cambio. Tres son los elementos fundamentales que debería incorporar el nuevo modelo:

1. La definición de una nueva estrategia. Esta debería centrarse, de entrada, en la obtención de resultados en forma de nuevos puestos de trabajo y de consolidación de los existentes, con la participación y el compromiso de todos los agentes del territorio públicos y privados (participación y compromisos reales).
2. La introducción de nuevos instrumentos. Es urgente la reforma en profundidad de las actuales agencias locales o territoriales, en el sentido de orientarse hacia la ejecución de la nueva estrategia establecida en el punto anterior.
3. El establecimiento de nuevos objetivos. Sobre todo en formación y talento, planes de empleo, emprendimiento, tejido productivo y proyectos estratégicos.

En un próximo apartado se desarrollan los contenidos que debería tener el cambio necesario y urgente en las políticas de promoción económica local.

2.2

Algunas reflexiones sobre promoción economica.2

EN EL APARTADO ANTERIOR ANALIZÁBAMOS LAS CARACTERÍSTICAS DE LA CRISIS DEL ACTUAL MODELO DE PROMOCIÓN ECONÓMICA LOCAL Y PROPONÍAMOS LA NECESIDAD DE REFORMULAR SU ESTRATEGIA, LOS INSTRUMENTOS Y LOS OBJETIVOS.

Ahora desarrollaremos algunos de los contenidos que debería tener el cambio necesario y urgente en las políticas de promoción económica local. Proponemos reflexionar sobre los siguientes elementos.

a) La definición de una nueva estrategia

Esta debería centrarse en la obtención de resultados en forma de nuevos puestos de trabajo y de consolidación de los existentes, con la participación y el compromiso de todos los agentes del territorio públicos y privados (participación y compromisos reales). La nueva estrategia debería basarse en el criterio de especialización inteligente del territorio ("smart specialization") basada en los principios que guían el programa RIS3 de la UE, en el fomento de la cultura emprendedora (a todos los niveles), de la cultura del proyecto (un power-point no es un proyecto), en el enfoque sistémico de los proyectos (la realidad es un sistema cada vez más complejo) y en la comprensión de cómo se puede avanzar en la configuración de un ecosistema territorial de innovación. No es necesario inventar nada, estas ideas se encuentran en el texto clásico de Osborne y Gaebler La reinvención del Gobierno (1994).

Por último, hay que comunicar la nueva estrategia territorial a los agentes económicos y sociales y a los ciudadanos.

b) La introducción de nuevos instrumentos

Es urgente la reforma en profundidad de las actuales agencias locales o territoriales en el sentido de orientarlas hacia la ejecución de la nueva estrategia apuntada en el punto anterior. Para hacer esto, las agencias reformadas deberían tener una estructura reducida y muy cualificada, deberían ser capaces de liderar la identificación y el diseño de pautas de actuación y de proyectos de promoción económica persiguiendo nuevas oportunidades (no repitiendo los servicios y los programas de siempre), definiendo y consiguiendo objetivos cuantificables (no actividades propias) y compartiendo estos objetivos con los agentes públicos y privados del territorio.

Por eso es probable que se requieran nuevos perfiles profesionales que deberán ser resultado de la reconversión del personal de las actuales agencias (existen magníficos profesionales que desean cambiar el modelo pero les falta el liderazgo político) y de la incorporación de perfiles apropiados a la nueva situación cuando ello sea necesario. Se debería pensar en un modelo organizativo en red implicando a una amplia base de colaboradores externos, instituciones y empresas del territorio. En definitiva, situando a los usuarios y a los ciudadanos en el centro de la actividad de la agencia.

La reconversión debería ser profunda, definida y aplicada con rapidez y a partir del análisis de cada situación concreta. Claro que es más cómodo mantener el actual status quo, pero el cambio que propugnamos no debería esperar.

c) El establecimiento de nuevos objetivos

Un aspecto importante del nuevo modelo es el de expandir el ámbito de actuación de la promoción económica local, transformándola en un elemento dinamizador de proyectos en el territorio, sin necesidad de gestionarlos de forma directa. Los objetivos del nuevo modelo de promoción económica local que se proponen, podrían tener en cuenta entre otros aspectos, los siguientes:

e) Formación y talento. Aquí habría que definir con los agentes del territorio las necesidades de formación a todos los niveles, satisfacer las demandas empresariales de formación (a menudo bastante alejadas de la oferta existente), incentivar la competencia en la oferta de calidad, fijar al territorio el talento existente y atraer nuevo. Las redes de colaboración pueden ayudar mucho al desarrollo de estas actuaciones.

ii) Empleo. Es donde aparece uno de los déficits más evidentes del actual sistema y este ámbito requiere de un cambio sustantivo, incidiendo en los siguientes aspectos (que simplemente se enumeran de forma tentativa): la revisión y mejora del servicio a las personas desempleadas, la adecuada conexión con el sistema de formación, la mejora de la interacción con el tejido empresarial demandante, y la coordinación con el Servicio Catalán de Ocupación (SOC), con las empresas privadas de empleo, y a nivel territorial, entre diferentes municipios y entre éstos y el SOC. En un contexto en el que a pesar de la reactivación económica evidente, aún tardará mucho años en reabsorber el gran número de parados, hay no tan sólo que actuar sobre la oferta de trabajo, es decir sobre la empleabilidad de la población en paro, sino también actuar sobre la demanda, es decir la capacidad de creación de nuevos puestos de trabajo cualificados. La colaboración con los sectores en expansión y con futuro puede ser una clave para avanzar la potencial creación de puestos de trabajo.

iii) Emprendimiento. El fomento del cambio cultural y la educación para el emprendimiento debe ir más allá del ámbito universitario y se extenderá a los diferentes estratos de la sociedad, toda vez que algunos de los cambios que introduce la Tercera Revolución Industrial permiten el acceso al mundo empresarial a personas que antes difícilmente tenían acceso o simplemente quedaban excluidas. Para facilitar la aparición de nuevas iniciativas y que nadie con aptitudes potenciales quede al margen es importante, de entrada, el establecimiento de redes de apoyo (*"mentoring"*) así como mejorar las condiciones de entorno (a menudo poco estimulantes) y la promoción de un ecosistema emprendedor que integre iniciativas dispersas. Y también cuestionarse el mantenimiento de incubadoras municipales en un contexto de disponibilidad de espacio en el mercado y del fenómeno emergente de los espacios de *"coworking"*.

iv) Tejido Productivo. A partir de la definición de la estrategia de especialización inteligente del territorio, a la que ya nos hemos referido, es necesario definir y aplicar políticas activas de apoyo a la consolidación y crecimiento empresarial, en la colaboración en el ámbito de la I+D, el fomento de la innovación empresarial y la transferencia tecnológica y también en posibles iniciativas de clúster y en el fomento de nuevas oportunidades empresariales. El caso de la transformación urgente del actual modelo de Polígonos de Actividad Económica entraría igualmente dentro de las actuaciones prioritarias. La coordinación de esta estrategia con la de empleo abre nuevas vías de colaboración.

v) Proyectos Estratégicos. Los territorios, como las organizaciones públicas y privadas, tienen la necesidad de identificar y llevar a la práctica proyectos estratégicos transformadores de la realidad para asegurar su futuro. Pensamos pero, que a nivel municipal o supramunicipal, es necesario organizarse debidamente y aplicar metodologías sistemáticas e instrumentos apropiados de planificación estratégica. Se trataría de identificar iniciativas, necesidades y oportunidades del territorio. Fomentar su desarrollo inicial y establecer criterios de priorización, obtener la financiación adecuada y, finalmente, ejecutar los correspondientes proyectos. De la misma forma que lo hacen las grandes corporaciones multinacionales, deberíamos tratar el territorio como una gran organización o sistema complejo que debe gestionarse con eficiencia y eficacia.

En resumen, se trata de transformar el actual modelo de promoción económica local en su filosofía, en sus instrumentos, en sus programas, en sus recursos y en su forma de financiación.

2.3
Industrias culturales y creativas (ICC)

SEGÚN LA DEFINICIÓN DE LA UNCTAD "INFORME DE ECONOMÍA CREATIVA 2010", LA INDUSTRIA CREATIVA SE DEFINE COMO EL CONJUNTO DE ACTIVIDADES ECONÓMICAS O NEGOCIOS QUE TIENEN SU ORIGEN EN LA CREATIVIDAD, LA HABILIDAD Y EL TALENTO INDIVIDUALES Y QUE PRESENTAN UN POTENCIAL PARA LA CREACIÓN DE RIQUEZA Y EMPLEO MEDIANTE LA GENERACIÓN Y EXPLOTACIÓN DE LA CREATIVIDAD Y LA CORRESPONDIENTE PROPIEDAD INTELECTUAL.

Durante el año 2011 nace en Chile la iniciativa del Mapeo de las Industrias Creativas y se publica el correspondiente estudio que representa el diagnóstico del estado del área creativa a nivel nacional. Este diagnóstico intenta tomar varios focos de análisis complementarios entre sí y de esta manera entregar una mirada más amplia sobre el sector. Dentro de los focos de análisis se incluyen factores económicos tales como las ventas y empleo, la presencia de instancias de educación formal e informal, las necesidades de infraestructura e inputs sectoriales, y los agentes que se desempeñan en cada uno de las eslabones de la cadena de valor de los sectores creativos.

Esta iniciativa nace a partir de las demandas de información de las regiones, sobre el nivel de actividad y estado de desarrollo de las áreas artísticas e industrias creativas y con ello, la necesidad de territorializar y ofrecer una dimensión regional a los datos entregados por el Mapeo de las Industrias Creativas en Chile.

Definición y agrupación de las industrias creativas:

La definición de industria creativa que toma el informe Mapeo de las Industrias Creativas en Chile se ajusta a la definición de la UNESCO (2010), donde industrias creativas son entendidas como: -aquellos sectores de actividad organizada que tienen por objeto principal la producción o la reproducción, la promoción, la difusión y/o la comercialización de bienes, servicios y actividades de contenido cultural, artístico o patrimonial.

Asimismo, y tal como se concluye en el informe nacional, los sectores considerados creativos serán: artes escénicas (teatro, danza, artes circenses), artes visuales, artesanía y fotografía, cine, la música y la industria editorial, televisión, la radio y los medios escritos, arquitectura, el diseño, la publicidad y los medios informáticos.

Estos sectores, según sus características, y siguiendo la propuesta de David Throsby, pero adaptada a la realidad nacional, son agrupadas en el Mapeo Nacional en 4 grupos o círculos concéntricos:

Grupo creativo del core o núcleo central: Sector central con fuerte contenido cultural y creativo, de bajo potencial e impacto económico, y que estaría compuesto por las artes escénicas (teatro, danza, artes circenses), artes visuales, artesanía y fotografía. Aquí se originarían gran parte de los contenidos culturales que impulsan, trascienden y se masifican a través de los otros grupos.

Grupo creativo industrial: Conformado por sectores con un alto contenido cultural y creativo, que son capaces de producir industrialmente de forma seriada, como el cine, la música y la industria editorial. Además, presentan los mayores índices de consumo por parte de la población.

Grupo creativo asociado a medios: Sector que se provee de contenidos y elementos de los grupos anteriores y los transforma en bienes y servicios de carácter masivo. Está vinculado principalmente a la industria del entretenimiento que cuenta con un mayor potencial económico, como es la televisión, la radio y los medios escritos.

Grupo creativo de apoyo a otros sectores: Sector más alejado del núcleo central, que si bien mantiene su contenido creativo, lo pone al servicio de otras industrias y se transforma en parte de un proceso productivo superior, como es el caso de la arquitectura, el diseño, la publicidad y los medios informáticos, donde el valor cultural pierde relevancia por encima de otros factores más utilitarios.

Estos límites se entienden como dinámicos, ya que esta agrupación de sectores en conjuntos tiene integrada cierta flexibilidad que permitiría la adaptación de categorías de acuerdo con la realidad de cada país, y dinamismo en función de cambios en el tiempo.

Durante el año 2015 participé, con el apoyo del equipo de Innopro y de la consultora Alias Group, en el proyecto Valparaíso, ciudad creativa, sustentable e innovadora que tiene por objetivo general de la consultoría preparar el diseño del Programa Estratégico Valparaíso Ciudad Creativa, sustentable e Innovadora ", a través del diagnóstico, mapeo, caracterización de brechas y déficits, y la construcción de una Hoja de Ruta competitiva que sirva de eje estructurante para la futura fase de implementación del programa".

Por otra parte, el Gobierno de la Generalitat ha considerado uno de los sectores prioritarios en el marco del RIS3 de especialización inteligente basado en fondos estructurales de la UE, lo que llaman Industrias basadas en la experiencia que incluye las industrias creativas y culturales (edición, artes gráficas, multimedia, audiovisual, producción audio y vídeo, artesanía) y servicios clave en Cataluña como el turismo y los deportes.

Las ICC un sector estratégico

Durante los próximos meses, tanto por la experiencia de la Comunidad ICC que se está desarrollando en Cataluña, como por la del proyecto de Valparaíso en Chile, tendremos la oportunidad de reflexionar y proponer acciones concretas sobre un sector de actividad que será clave en el futuro de la economía de muchos países del mundo, de aquellos donde la creatividad y la innovación formen parte de los activos de la población y de las políticas de los gobiernos. Mas recientemente, la ciudad de Girona ha decidido también orientar su especialización productiva RIS3 hacia las ICC.

El sector de las industrias culturales y creativas es un sector estratégico para algunos países de América Latina y los del sur de Europa por razones diversas. La primera es que son países con una sólida tradición cultural que permite la generación de contenidos, tal vez en formatos tradicionales pero que pueden ser la fuente de nuevos formatos basados en la digitalización. La tradición literaria y artística de estos países es una buena base de partida para la generación de nuevos contenidos en formatos digitales.

La segunda razón es que son países con una amplia base universitaria de calidad, en el terreno de las humanidades, de la comunicación y de la tecnología. Existe pues el talento joven disponible que necesitan las ICC.

La tercera es que la demanda interna existente permite empezar iniciativas emprendedoras que, en caso de tener éxito, se podrían plantear mercados globales en una segunda etapa, sin incurrir en grandes riesgos iniciales.

Finalmente, el mundo digital no requiere de grandes inversiones en bienes de equipo para la generación de nuevos modelos de negocio, lo que permite una profusión de iniciativas emprendedoras con poco capital inicial.

Es conveniente sin embargo, contar con una condición de entorno: que las políticas públicas prioricen este sector en forma de ayudas a iniciativas empresariales y de creación de sistemas regionales de innovación que favorezcan el desarrollo de las ICC. Es un sector intensivo en mano de obra cualificada y con pocos requerimientos de inversión, ideal para la creación de puestos de trabajo para jóvenes altamente cualificados que actualmente se encuentran en paro o con trabajos precarios de baja calificación.

2.4

Reflexión sobre la industria en Cataluña

CON OCASIÓN DE LAS JORNADAS INDUSTRIA, PRIMAVERA 2015, ORGANIZADAS POR LA FUNDACIÓN PARA LA INDUSTRIA EN SABADELL EL PASADO DÍA 20 DE ABRIL, QUISIERA REFLEXIONAR SOBRE LA SITUACIÓN Y LAS PERSPECTIVAS DE LA INDUSTRIA EN CATALUÑA.

Esta fundación liderada por Josep Bombardó y los industriales del Gremio de Fabricantes cuenta con un consejo asesor con profesionales relacionados con la industria del país como Antoni Garrell, Lluis Recoder o Rafael Suñol entre otros. Esta Jornada sobre industria se está convirtiendo en un referente obligado del sector y por eso quiero dedicar dedicar este apartado a este tema.

Participé en la Mesa 1 coordinada por Alexandre Blasi, ingeniero industrial muy vinculado a la industria y que fue director general de la empresa Samsung. El tema de la mesa era: ¿Cuáles son las problemáticas que afronta la industria catalana para competir en los mercados globales?.

Alexandre Blasi afirmó que hay que actuar, no caigamos "en la parálisis por el análisis". También destacó que la relación entre la administración y la empresa no funciona. La administración no escucha o no entiende a la empresa; puso como ejemplo la gran cantidad de reuniones y de planes estratégicos que se han hecho durante estos años, donde representantes de la empresa han manifestado sus opiniones pero éstas no han servido para actuar. Y siguen convocando nuevas reuniones. También destacó que el gasto público no va a la empresa.

Domingo Jaumandreu ex-directivo de la multinacional Sony en Europa se preguntó si el modelo de los siglos XIX y XX sirve para el XXI. También destacó que somos una sociedad con una gran aversión a la incertidumbre. Queremos seguridades y por eso ahora, a diferencia de lo que ocurría hace años, muchos estudiantes universitarios aspiran a ser funcionarios, no en ir a una empresa o crear el propio negocio. También afirmó que el sistema fiscal penaliza la iniciativa y la creatividad al aplicar impuestos sobre la renta y el consumo y no sobre la riqueza.

Pedro Mier, presidente de Mier Comunicaciones destacó que para competir hay que tener producto y marca propia. La marca país no ayuda, en cambio sí tiene una fuerte visibilidad la marca Barcelona. Es necesario un cambio de orientación de las universidades y centros públicos de investigación, a los que hay que recordar que reciben recursos públicos de los impuestos y deben estar al servicio de la empresa. Deberían destinar recursos a proyectos innovadores haciendo frente a retos sociales. También se tendría que preparar un plan de comunicación basado en la marca Barcelona.

Finalmente llegó mi turno que resumiré a continuación.

Empecé afirmando que la industria en Cataluña representa de hecho alrededor del 50% del PIB, y no alrededor del 20% como dicen las estadísticas del sector secundario. Los servicios asociados a la industria están íntimamente vinculados con las actividades industriales y no existirían sin ellas. Ya hace tiempo, un estudio de Ezequiel Baró sobre el tema lo explicó claramente. Actualmente, los países cuando definen sus políticas industriales ya se refieren a las actividades productivas que forman la cadena de valor de un sector o actividad, incorporando las diferentes actividades que añaden valor al proceso. Así se hace por ejemplo en el documento RIS3CAT de la Generalitat de Cataluña.

Añadí que, a pesar de esta importancia, y que ahora todo el mundo en Europa habla de reindustrialización y de renacimiento industrial, tal vez los que estamos convencidos no lo hemos sabido explicar bastante bien. Pienso que tenemos un problema grave de comunicación, que deberíamos superar, para prestigiar la industria como eje fundamental del futuro del país. El futuro de Cataluña dependerá del futuro de la industria.

Dividí mi intervención en cuatro apartados:

Competir es sinónimo de innovar, pero ¿que es y cómo se mide la innovación?

- ¿Que es innovación? Recordemos la definición de Curtis Carlson: "La innovación es el proceso que transforma una idea en valor para el cliente y que, además, tiene como resultado beneficios sostenibles para la empresa". La innovación la hacen y se hace en las empresas.
- ¿Cómo se mide el potencial innovador de un país?. Ya sabemos que el potencial innovador no se mide por el indicador de gasto en I+D, sino por un conjunto de indicadores. El informe de la UE Innovation Scoreboard 2014 (IUS 2014) sobre innovación en la UE utiliza un conjunto de 25 indicadores clasificados en varias dimensiones: recursos humanos, sistemas de investigación, finanzas y soporte, patentes, inversión de las empresas, emprendimiento, etc. Indicadores de input, de ouptut y de entorno.
- En Cataluña el esfuerzo en ciencia no llega a la empresa. Se ha hecho un esfuerzo en ciencia pero mucho menos en innovación. La oferta de los centros Tecnio es muy inferior a la que debería ser en términos comparados con otras regiones europeas.
- Innovar no es hacer I+D ni contratar a la universidad, para una empresa es gestionar la innovación como la variable crítica de la empresa para competir. Las empresas catalanas hicieron un gran esfuerzo en calidad pero no la han hecho implantando sistemas

de gestión de la innovación. La innovación se gestiona cada día a partir de herramientas y de procesos sistemáticos que implican al conjunto de la organización.

Cómo innova la industria catalana, ¿cómo debería innovar?

Modelo tradicional desde el XIX:

la empresa catalana ha innovado, y sigue innovando, con innovaciones incorporadas (maquinaria), incrementales (no radicales) y de proceso (poco de producto). Y este modelo ha servido durante doscientos años pero probablemente es insuficiente para el siglo XXI.

Nuevos requerimientos en el siglo XXI:

los procesos se aceleran, los ciclos de producto son mucho más cortos, tecnologías de proceso como las TIC cambian muy rápidamente, la cadena de producción se globaliza etc y como consecuencia la gestión de la innovación pasa a ser la variable crítica para la competitividad de la empresa. Ya no basta con producir de forma eficiente y con calidad, se debe hacer innovando en proceso, en producto y en modelos de negocio de forma rápida y efectiva. La gestión de la innovación pasa a ser la variable crítica de la empresa.

Retos para la industria catalana: según el último informe IUS 2014, Cataluña ha bajado un nivel el potencial innovador. ¿Qué deberíamos hacer para mejorar nuestra posición en el ranking innovador?. Hay que hacer dos cosas. La empresa debe gestionar la innovación y, con el apoyo de la administración y de la universidad y centros de investigación, debe potenciar el ecosistema innovador.

1. Gestión de la innovación: hay que implantar sistemas de gestión de la innovación como en los años 90 implantamos la ISO 9000 y los sistemas de calidad.
2. Ecosistema innovador: hay que construir un entorno innovador que facilite la competitividad de las empresas.

Oportunidades: las empresas tienen algunas oportunidades para ser más innovadoras. Europa 2020, Nueva política de cohesión, RIS3, RIS3CAT. Debemos aprovechar la oportunidad de que las políticas públicas se están alineando (esperemos que no sólo nominalmente) con las industrias. Y tenemos que saber comunicar a la administración y al conjunto de la sociedad que, como decíamos al principio del artículo, el futuro de Cataluña dependerá del futuro de la industria.

2.5

Reflexionando sobre los Sistemas Regionales de Innovación (SRI)

EL PASADO DÍA 16 DE JUNIO DE 2015, RECIÉN LLEGADO DE UN INTERESANTE VIAJE POR CHILE Y PERÚ, TUVE OCASIÓN DE PARTICIPAR EN VALENCIA EN EL TRIBUNAL DE LA TESIS DOCTORAL QUE PRESENTABA ISMAEL ABEL EN LA UNIVERSITAT POLITÈCNICA DE VALÈNCIA (UPV).

La tesis lleva por título *"Sistemas Regionales de Innovación en Chile: recomendaciones y líneas de tendencia a partir de dos casos de estudio"*. Los directores de la tesis son el Dr. Francisco Mas Verdú de la UPV y el Dr. José A. Belso Martínez de la Universidad Miguel Hernández de Elche.

En este artículo quiero compartir algunas reflexiones sobre la lectura de la citada tesis y su debate posterior, sobre el viaje de ida y vuelta a Valencia, y también sobre mi experiencia en Sistemas Regionales de Innovación en general y, en particular, sobre los proyectos vividos en Chile y en Perú.

Valencia y Cataluña

Lo primero que a uno le viene a la cabeza cuando viaja de Barcelona a Valencia ida y vuelta en tren el mismo día, es el nombre de los sucesivos Ministros de Obras Públicas o de Fomento que en España han desconectado el llamado corredor mediterráneo.

Solamente 7 horas de viaje.
¿Es sólo ignorancia o es mala fe o ambas cosas?.
No hace falta ser muy listo ni haber estudiado muchos Másters sobre economía regional para entender que estos dos territorios necesitan estar conectadas entre sí, además de con Europa, para potenciar su desarrollo.

Y que no invertir un euro como han hecho unos cuantos carcamales durante los últimos muchos años es la peor corrupción. Ha perjudicado a todos y no veo que haya podido beneficiar a nadie.

La integración económica de estos dos territorios, ambos dotados con un tejido de pequeña y mediana empresa exportadora en amplios sectores económicos, permitiría una activación de la demanda así como la mejora de la competitividad regional en ambos casos. A su vez, es importante observar cómo los dos sistemas regionales de innovación se complementan claramente dando lugar a la posibilidad de generar intercambios que potencien la competitividad del conjunto y de cada una de las partes.

Es conocida la estrategia de los sucesivos gobiernos de España de volver al sistema radial de Franco, que consiste en conectar todas las provincias españolas con Madrid por autovía y por tren de alta velocidad. Esta estrategia, que ha comportado el aumento del endeudamiento público y que ha contribuido a agravar la crisis económica, nos ha sido vendida por el nacionalismo español como "la gran estrategia" que ha permitido la vertebración de España.

El corredor mediterráneo, vital para las exportaciones españolas a Europa, o la conexión entre Euskadi y Cataluña no han sido prioridades políticas y más bien se han considerado amenazas a una determinada visión unitarista de España. Los resultados económicos y políticos son evidentes. Propongo tipificar este tipo de no-actuaciones como delito en el código penal y con efectos retroactivos. Algunos que aún no han ido a la cárcel por ladrones, irían por incompetentes.

La tesis del Dr. Abel

A partir de los trabajos sobre Sistemas Regionales de Innovación (SRI) realizados por Ismael Abel en las regiones chilenas de Biobio y de Valparaíso, a iniciativa del gobierno de Chile, se presenta un marco conceptual sobre SRI que es aplicado a estas dos regiones. Al final se presentan unas conclusiones y se proponen posibles nuevas líneas de investigación sobre el tema. La tesis empieza con un interesante Marco Conceptual en el que se presentan las diferentes teorías y aportaciones realizadas por distintos autores sobre los SRI.

En la introducción el Dr. Abel afirma:

"La implantación en el territorio de centros e instituciones orientados específicamente para el desarrollo de iniciativas innovadoras facilita la colaboración y la cooperación entre empresas y organizaciones. El ámbito regional se convierte en el marco en el que se producen las interacciones entre los diferentes elementos del sistema, se suceden las relaciones, emergen las sinergias y se crea valor añadido que se transforma en competitividad del territorio, convirtiéndose en un valioso capital social".

El autor destaca aportaciones de autores como Asheim y Isaksen (2002), Wolfe (2003), Tödtling y Kaufmann (2001) y Quevit y Van Doren (2001) entre otros, que consideran que todas las regiones tienen un SRI aunque con características distintas, distinguiendo en este sentido entre regiones fuertemente innovadoras de otras menos innovadoras como las regiones industriales, las llamadas periféricas, las rurales o las regiones en transición. En todas las regiones hay recursos endógenos que interactúan entre sí como sistemas dinámicos que pueden analizarse y potenciarse a partir de políticas públicas que tengan en cuenta las características específicas de cada SRI.

La tesis tiene como objetivos el análisis de los recursos y características de los territorios analizados, con sus organizaciones y sus dinámicas relacionales para determinar su influencia en la generación e intercambio de conocimiento e innovación.

Se trata de analizar los factores determinantes que definen el potencial innovador de las regiones y, por tanto, su potencial competitivo. Para las regiones de Biobio y de Valparaíso, el autor analiza cuatro variables que determinan su potencial innovador:

1. Análisis del entorno económico regional mediante las variables más significativas.
2. Análisis de la demanda de innovación por parte de las Pymes.
3. Identificación de las instituciones públicas y privadas de la región y su orientación hacia la transferencia de conocimiento e innovación.
4. Capacidad de absorción por parte de las empresas e instituciones del conocimiento.

A partir del diagnóstico de cada región, se deben definir y aplicar las políticas regionales de innovación que refuercen el potencial de los SRI que juegan un papel fundamental en la potenciación de las capacidades endógenas, lo que permite el desarrollo de capacidades competitivas a nivel global. Del Sistema Regional a la economía global, este es el recorrido que debe tener cualquier política dirigida a reforzar los respectivos SRI.

Por otra parte, el autor añade que las políticas regionales de innovación deben contemplar varios niveles simultáneamente. El nivel "micro", formado por personas, empresas y organismos, y el nivel "meso", formado por el análisis del entorno, los ecosistemas y las regiones. Asimismo, destaca que el concepto de SRI nace de dos cuerpos de teoría distintos, el primero se basa en los Sistemas de Innovación, mientras que el segundo tendría su origen en la tradición de la Ciencia regional.

En cuanto al primero, el concepto de Sistemas de Innovación se ha construido sobre las teorías evolucionistas de cambios económicos y tecnológicos que considera la innovación como un proceso social y evolucionista (Edquist, 2004). La innovación se ve estimulada por muchos actores y factores tanto internos como externos a las empresas (Dosi, 1998). Esta visión social de la innovación se basa tanto en los procesos de aprendizaje interactivos entre varias áreas de una empresa como en las colaboraciones con agentes externos representados por otras empresas, centros de conocimiento y otros agentes. Es lo que hoy llamamos innovación abierta.

En cuanto al segundo, el punto de vista de la ciencia regional se basa en el ambiente socio-institucional donde surge la innovación. Así, desde el punto de vista regional, la innovación se localizaría en procesos integrados localmente, destacando el papel de la proximidad y los beneficios derivados de las ventajas por la localización y la concentración espacial. De ahí la importancia que la ciencia regional asigna a las comunicaciones entre los agentes regionales y al papel de las inversiones en infraestructuras físicas.

Un SRI es pues un sistema complejo y dinámico, formado por multiplicidad de actores que interactúan en un territorio. Las políticas públicas basadas en la colaboración de los distintos agentes, pueden favorecer la dinámica de interacción de agentes aumentando progresivamente la complejidad del SRI.

La potenciación de los Sistemas Regionales de Innovación

Mediante acuerdos entre el sector público y el privado se pueden diseñar planes de acción que, partiendo de un diagnóstico realista de la región, permitan identificar los puntos fuertes y débiles, las oportunidades y amenazas, a partir de las cuales se puedan definir los retos de la región para su desarrollo económico. Con los retos definidos, se puede pasar a identificar los objetivos estratégicos y operativos, el conjunto de acciones y el cuadro de indicadores correspondiente. Se trata pues de un plan estratégico, como el que veremos en el capítulo dedicado a estrategia.

Este proceso que parece tan razonable y fácil de llevar a cabo, topa en muchos países con importantes resistencias o dificultades que son producto de errores en los planteamientos o en las formas e instrumentos de ejecución de estas políticas territoriales.

Entre estos posibles errores o defectos creo importante destacar:

1. El síndrome del *"me-too"* o del *"silicon something"*: muchas regiones y ciudades de todo el mundo han querido ser el "nuevo Silicon Valley" o la "nueva Boston" de su país, sin ser conscientes de si sus activos reales y el potencial de sus agentes lo permitían. Por ejemplo, en Europa se han intentado promover más de 100 "Bio regiones" la gran mayoría de las cuales han fracasado después de gastar ingentes cantidades de dinero público, sea de la región, del estado o de la UE. También se estima que unas 150.000 Comunidades regionales o locales (Bearing, 2013) habrían promovido unos 3 clústers en promedio con un total de 450.000 proyectos o iniciativas de clústers de los que sólo un 10 % sobrevive en el mercado internacional. La mayoría de estas iniciativas fracasan con lo que parece recomendable no lanzarse a este tipo de proyectos sin que existan las condiciones para ello. La nueva metodología RIS3 de la UE puede ayudar a evitar estos errores.

2. La cultura de la piedra: buena parte de los recursos Feder de la UE invertidos durante los últimos decenios en Europa se han destinado a edificios o a infraestructuras públicas diversas. Del conjunto de las Políticas de Cohesión (FEDER, Fondo de Cohesión y Fondo Social), España ha recibido en el periodo 1986-2013, más de 150.000 millones de euros, y en el último periodo 2007-2013, España ha sido el segundo receptor después de Polonia, con 37.217 millones de euros, sobre un presupuesto de la UE total de 347.000 millones de euros. Teniendo en cuenta que los fondos de cohesión suelen financiar como promedio un 50% de la inversión total, ello significa que, durante los últimos treinta años, en España se habría destinado a política regional una inversión total de unos 300.000 millones de euros. La mayor parte de esta inversión se ha dedicado a la construcción de edificios y de infraestructuras como el AVE, autovías, etc, pero no a reforzar los SRI como los entendemos hoy en día y se han presentado más arriba. Tampoco se han articulado ejes estratégicos como el del Mediterráneo ni se ha reforzado la economía del conocimiento. Se ha perdido pues una gran oportunidad histórica.

3. Las fábricas de humo: Es el caso del *"Fluff"* de Rummelt que veremos en el capitulo sobre estrategia. Este autor dice

que algunas personas utilizan *"Sunday words"* o palabras "hinchadas" e innecesariamente complicadas que un auditorio normal no entiende pero que llevan al auditoria a pensar "este tío sabe mucho". A menudo utilizan palabras como "Smart" (hoy todo debe ser smart, des de una ciudad hasta un teléfono o una caja) o "growth" o "ecosystem", palabras que, de tanto usarse, acaban perdiendo su significado. Se utilizan conceptos esotéricos para ofrecer la ilusión de un pensamiento de alto nivel cuando en realidad se trata de un pensamiento que no tiene ningún sentido ni ningún efecto práctico sobre el territorio. Para evitar estos errores, se deberían realizar preceptivos y sólidos análisis coste-beneficio, establecer cuadros de indicadores de resultados y evaluar regularmente dichos resultados.

4. Problemas de gobernanza: Cuando en Europa se afirma que la nueva estrategia regional de especialización inteligente RIS3, pasa por la participación activa de los miembros de la cuádruple hélice, ello significa que no sólo deben participar todos en la formulación de su estrategia, sino que estas políticas se deben ejecutar mediante modelos de gobernanza que permitan esta participación diversa pública y privada. Y ahí tenemos varios problemas. El primer problema es que las agencias públicas regionales no están habituadas a estas formas participativas; se deben reformar estas agencias con toda urgencia, como ya hemos afirmado en anteriores apartados. El segundo problema puede ser más difícil porque se trata de un elemento cultural: no existe la cultura de la cooperación público-privada. Por desgracia, la desconfianza mutua basada en años de desencuentro no permiten pensar que este problema se resuelva en poco tiempo.

5. Los límites de la política o de la burocracia: en general, ni la clase política de los países latinos es escogida con criterios de meritocracia ni las administraciones públicas son ejemplo de eficacia y de honradez. El prestigio social de unos y otros no se sitúa a niveles muy elevados, como sería el caso de los países escandinavos o de otros países del centro y del norte de Europa. Esta situación de hecho es un freno evidente a la posibilidad de diseñar y de aplicar políticas regionales como las que estamos comentando a favor de los respectivos SRI.

6. Falta de enfoques sistémicos: lo hemos explicado en apartados anteriores, en la sociedad líquida actual, los problemas están

asociados a sistemas cada vez más complejos y ya no nos sirven las soluciones simples, o simplistas, propias de la cultura industrial. Para hacer frente al reto de promover el emprendimiento en un territorio debemos entender y ser capaces de operar en un complejo ecosistema emprendedor formado de muchos elementos que interactúan y cambian a gran velocidad. Necesitamos otras herramientas metodológicas y otros nuevos modelos conceptuales para entender y aplicar políticas de refuerzo de los SRI.

7. Individualismo empresarial: El historiador Carles Pi i Sunyer refiriéndose a la revolución industrial en Cataluña, destacaba dos déficits importantes de la economía catalana del siglo XIX. Uno era la incapacidad de alcanzar un nivel técnico autóctono y el otro la incapacidad de superar "el individualismo feroz de los hombres de empresa". No sé si esto nos recuerda alguna cosa. También el político de la Lliga Francesc Cambó dijo que el individualismo catalán era uno de los principales defectos para el desarrollo de nuestra industria. Carles Pi i Sunyer señalaba la influencia de determinados vicios psicológicos catalanes ante la iniciativa empresarial: envidia, recelo, desconfianza..., que lleva a un carácter económico receloso, atomizado, inestable, rudimentario y desarticulado. De ahí la dificultad de trabajar empresarialmente con mentalidad de sociedad anónima. Todavía hoy este individualismo es uno de los defectos para poder potenciar el SRI de Cataluña, y supongo también de otras regiones como Valencia.

Conclusión final:

Ante el panorama anterior, uno tiene varias opciones: emigrar, jubilarse y abandonar la batalla por imposible o, a pesar de todo ello, luchar para cambiar las cosas y trabajar para mejorar las condiciones de nuestro SRI y por lo tanto las condiciones de vida de nuestros conciudadanos. Yo ya he elegido, ¿nos animamos? *Yes we can!*.

2.6

Reflexionando sobre promoción económica de la ciudad de Barcelona

APROVECHANDO UN FIN DE SEMANA LARGO EN LONDRES, HE PENSADO QUE ERA UN BUEN MOMENTO PARA REFLEXIONAR DESDE LA DISTANCIA SOBRE LAS POLÍTICAS DE PROMOCIÓN ECONÓMICA A APLICAR DURANTE LOS PRÓXIMOS AÑOS EN BARCELONA Y SU ÁREA METROPOLITANA.

Celebradas las elecciones municipales de mayo de 2015 y constituidos los nuevos gobiernos locales, es el momento de pensar en lo que es necesario hacer en los próximos años en el Área Metropolitana de Barcelona (AMB) en materia de Promoción Económica.

A lo largo de este apartado hablaré indistintamente de Barcelona y del AMB porque está claro que la promoción económica es necesario hacerla a nivel metropolitano.

En el capítulo 4 veremos que Barcelona gana en atractivo pero pierde competitividad. Basándonos en la lectura del informe del Observatorio Barcelona, veremos que Barcelona pierde competitividad sobre todo en tres categorías: economía (solo hay dos ciudades por debajo), I+D (lugar 33 de 40) y mercado de trabajo (el nivel de paro más alto).

También afirmamos que según el informe de la UE Innovation Scoreboard 2014 (IUS 2014) sobre innovación en la UE, Cataluña pierde posiciones en el ranking de potencial innovador.

Aqui trataremos de pensar en acciones concretas para ayudar a superar la situación expuesta.

Valoración general de las políticas de promoción económica en Barcelona: destacaremos los elementos que consideramos más relevantes, resultado de las etapas anteriores:

En primer lugar, se observa una dispersión de políticas y acciones, sobre todo entre Urbanismo, Promoción Económica y Política Cultural. Algunos ejemplos pueden ser las llamadas políticas de *"smart cities"*, los *"fab labs"*, las políticas de innovación y ciudad, etc.

Cada tenencia de alcaldía, o cada distrito en Barcelona, o cada municipio del AMB tiene sus propias políticas, a veces superpuestas entre ellas pero, y muy importante, desconocedoras de su eficiencia debido a la falta de suficientes indicadores solventes de resultados y de impacto en el territorio.

Se produce, también, una superposición de planes y una dispersión de acciones sin un modelo general coherente, ni a nivel de ciudad ni a nivel de la AMB. Un ejemplo son las 30 acciones del programa Barcelona Growth, o los 229 Proyectos identificados para el RIS3 Barcelona Growth y las acciones diversas de Barcelona Activa y las agencias similares de los otros municipios de la AMB. Se necesita poner un poco de orden entre tanta sigla, a menudo en inglés, que hace que todo sea de difícil comprensión para el ciudadano.

En general, hay una ausencia de un modelo claro de promoción económica, en que cada programa y cada acción tenga su lugar dentro de un sistema coherente. Hay una larga lista o suma de temas que se han ido superponiendo a lo largo del tiempo sin que se haya podido visualizar un conjunto claro y estructurado.

Finalmente, a menudo, ni las acciones se justifican en términos de coste-beneficio, ni se ponen en marcha sistemas de control y seguimiento que permitan evaluar los resultados y el impacto de las medidas programadas. Faltan un cuadro de mando de cada programa o proyecto y del conjunto de las políticas de promoción económica y una práctica de transparencia informativa que haga que los ciudadanos podamos seguir desde las webs públicas los resultados. La práctica habitual ha sido la propaganda y no la información objetiva y contrastada a través de evaluaciones independientes.

Tomando en cuenta la valoración general anterior, que hace patentes las superposiciones, la falta de indicadores y ciertas carencias generales, propongo lo que a mi entender deben ser los elementos centrales de una nueva política de promoción económica para Barcelona Los elementos centrales de una nueva política de promoción económica pensada y basada en la innovación, a partir de entender la ciudad como un escenario de la innovación y de entender a sus habitantes como los elementos dinámicos de la innovación social. Esto no quiere decir que otros elementos propios de la promoción económica como la promoción del comercio, las ferias o el turismo, entre otras, no sean importantes, pues lo son y mucho, sino que no se tratan en este apartado.

¿Cuáles deben ser, en mi opinión, los elementos centrales de una nueva política de promoción económica para Barcelona, basada en la Innovación? Propongo los cuatro elementos siguientes:

El programa RIS3BCN como elemento integrador de las políticas de especialización de la ciudad y de la AMB, Barcelona Activa (y otras agencias públicas locales) como instrumento clave ejecutor de estas políticas, la recuperación del proyecto de distrito 22@ y, en general, la recuperación de una reformulación del suelo industrial en el AMB.

Repasaremos brevemente cada uno de ellos:

1. **RIS3BCN:** La nueva política regional de la UE (ver en el capitulo sobre estrategias) es una gran oportunidad para reforzar la competitividad de las economías de las regiones europeas. Se basa en la nueva filosofía llamada RIS3 (*Research and Innovation Strategy for Smart Specialization*) que establece los criterios que las regiones y ciudades deberán seguir para reforzar su capacidad competitiva a partir de una especialización inteligente de su economía. En Barcelona Ciudad y en el AMB se ha planteado esta nueva estrategia de manera desigual. La ciudad de Barcelona ha aplicado un amplio proceso participativo que ha llevado a la identificación de 7 sectores y de 229 posibles proyectos.

    Ahora hará falta focalizar sectores y propuestas para elegir aquellas iniciativas que ofrezcan más ventajas competitivas para el futuro económico de la ciudad. En general, creo que se ha seguido un proceso muy participativo pero poco estratégico, se han identificado muchas iniciativas por parte de las Instituciones participantes que han generado expectativas difíciles de satisfacer por su dispersión. Será necesario tomar decisiones en este sentido con la máxima urgencia, a partir de la creación de un nuevo sistema de gobernanza representativo de la cuádruple hélice.

    En el resto del AMB la situación es desigual, las iniciativas más avanzadas serían la del Baix Llobregat, impulsada por el Consell Comarcal, y la del consorcio CIT formado por los ayuntamientos de Cerdanyola, Rubí (que no forma parte del AMB) y Sant Cugat. Más recientemente, algunos municipios del Barcelonés Nord, liderados por el ayuntamiento de Santa Coloma y por la Universidad de Barcelona, han iniciado un proceso de definición de su RIS3. Creo que el AMB y la Diputación de Barcelona deberían dar apoyo a las citadas iniciativas, a pesar de que la ciudad de Barcelona está previsto que tenga su propio marco de relación directa en forma de convenio con la Consejería de Economía del Gobierno de la Generalitat. También pienso que en la ciudad de Barcelona se deberían integrar la Gobernanza del programa Barcelona Growth y la del RIS3.

2. **Barcelona Activa:** Ha sido un instrumento fundamental que ha hecho cosas muy positivas durante muchos años y es un gran instrumento de promoción económica, pero creo que ahora es necesario reformarla en el siguiente sentido: En el marco del ecosistema innovador de Barcelona, Barcelona Activa debería ser el catalizador de proyectos complejos originados en la empresa, la universidad, los centros de investigación, los espacios de *coworking*, en el ámbito social, etc., de la ciudad. El papel de Barcelona Activa debería ser el de "liderar" y hacer que pasen cosas" y no solo "hacer cosas". Barcelona Activa debería pasar de actuar basándose en la cultura de la administración y los programas a actuar de acuerdo con la cultura del proyecto.

En general, su funcionamiento responde a lo que ya he escrito en la valoración general más arriba. Por lo tanto, en cuanto a Barcelona Activa, algunas ideas con bastante futuro podrían ser las siguientes:

- Debería de ser el instrumento líder de la innovación ciudadana, potenciando la creatividad de las persones.
- Se debería de distinguir entre las unidades centralizadas y los servicios al ciudadano en todos los distritos. Las primeras tendrían un carácter estratégico y las segundas un servicio al ciudadano.
- Los servicios estarían descentralizados por distritos, para acercarlos a la gente. También se podrían integrar a Barcelona Activa elementos de los distritos como 4 Fab labs y otros proyectos promovidos por diferentes concejalías.
- Posible creación de centros de divulgación y servicios al ciudadano en los distritos.
- Posibles proyectos piloto en algunos distritos: Ej. Santmarti y 22@ (recuperar iniciativas con los vecinos), El Rabal o Nou Barris (proyecto piloto de talento, escuela-empresa), etc.
- Evolucionar los actuales Fab lab hacia centros de divulgación de tecnologías avanzadas (para escuelas y vecinos), etc.
- Redefinir las políticas de empleo, emprendimiento y formación. Necesidad de un cambio de modelo de acuerdo con las necesidades de los ciudadanos.
- Reorientar la oficina de atención a la empresa. Sí a una ventanilla única, no a "one stop shop" especializada.

- Programa Barcelona Growth: 12 sectores estratégicos y 30 medidas, se debería hacer una auditoria de resultados y valorar su continuidad.
-

El suelo industrial:

En el capitulo 3, al referirnos al modelo 22@ afirmamos:

"Para una mejor comprensión del modelo 22@ y de cómo se puede gestionar un proyecto complejo como este, les remito a la lectura del libro Gestión de proyectos complejos, escrito en colaboración con Sergi Guillot y editado por Pirámide el 2013. En este libro, se propone un modelo de gestión de proyectos complejos y se explica como ejemplo el caso del 22@ Barcelona"

En el distrito 22@ creo que haría falta recuperar el enfoque inicial del proyecto que el alcalde Hereu, como explicamos en el citado libro, no supo entender. Tampoco durante el mandato anterior del alcalde Trias se recuperó suficientemente el modelo que fue la base del éxito evidente que se puede observar visitando el distrito.

También haría falta potenciar el suelo industrial existente hoy en la ciudad, no creando nuevos distritos 22@ como algunos han propuesto (con la reserva actual de suelo 22@ ya hay suficiente para el crecimiento de este distrito durante los próximos 15-20 años), sino transformando los actuales polígonos en nuevos espacios de actividad económica propios del siglo XXI (ver apartados sobre suelo industrial en el capitulo siguiente).

En otras ciudades del AMB se dan las condiciones para transformar una parte del suelo industrial actual en distritos innovadores, adaptando el modelo 22@ a las condiciones locales, tal como se plantea en el capitulo 3.

Otras políticas concretas: Juntamente con los tres elementos centrales anteriores, quisiera hacer mención a otras políticas a considerar.

Smart Cities

El programa Smart Cities ubicado por razones coyunturales en la IMI parece que se debería integrar a la nueva Barcelona Activa. También BCN Urban Lab y el fomento de la compra pública innovadora, con proyectos como el BCN Open Challenge.

Las ICC

Dependen de la concejalía de cultura. Tal vez haría falta una mayor coordinación con Barcelona Activa

Algunas consideraciones finales sobre el AMB

El AMB debería ejercer plenamente las competencias legales en promoción económica. Debería reconsiderar el proyecto de crear nuevas Oficinas de Atención a la Empresa a partir de la valoración de los resultados de la experiencia de la de Barcelona y de un riguroso análisis coste-beneficio. Haría falta definir una nueva política de polígonos Industriales en el sentido que ya se ha apuntado.

Si se quiere superar el actual modelo de ciudad en el que Barcelona gana atractivo pero pierde competitividad, es necesario que las administraciones implicadas sean capaces de situar las políticas de promoción económica en el centro de la política, tanto de la ciudad como del conjunto del AMB.

2.7

Sistemas regionales de innovación, casos de Chile, Perú, EEUU y Europa.

EN EL APARTADO ANTERIOR 2.5 (*REFLEXIONES CON OCASIÓN DE UNA TESIS DOCTORAL SOBRE SISTEMAS REGIONALES DE INNOVACIÓN, SRI*), DEDICADO A LA TESIS SOBRE SRI PRESENTADA POR EL DR. ISMAEL ABEL EN LA UNIVERSITAT POLITÈCNICA DE VALENCIA, AFIRMÁBAMOS QUE EN TODAS LAS REGIONES HAY RECURSOS ENDÓGENOS QUE INTERACTÚAN ENTRE SÍ COMO SISTEMAS DINÁMICOS QUE PUEDEN ANALIZARSE Y POTENCIARSE A PARTIR DE POLÍTICAS PÚBLICAS QUE TENGAN EN CUENTA LAS CARACTERÍSTICAS ESPECÍFICAS DE CADA SRI.

Un Sistema Regional de Innovación es un sistema complejo y dinámico, formado por multiplicidad de actores que interactúan en un territorio.

Afirmábamos que las políticas públicas basadas en la colaboración de los distintos agentes pueden favorecer la dinámica de interacción de los mismos aumentando progresivamente la complejidad del SRI. Destacábamos finalmente que en muchos países se producían importantes resistencias o dificultades, producto de errores en los planteamientos o en las formas e instrumentos de ejecución de estas políticas territoriales. Entre estos errores destacábamos el síndrome del *"me-too"* o del *"silicon something"*, la "cultura de la piedra", "las fábricas de humo", los problemas de gobernanza, los límites de la política o de la burocracia, la falta de enfoques sistémicos o el individualismo empresarial.

A pesar de ello, la conclusión final, quizás un poco voluntarista, era que había que luchar para cambiar las cosas y trabajar para mejorar las condiciones de nuestros SRI y, como consecuencia, las condiciones de vida de los ciudadanos.

Ahora dedicaremos el presente artículo a comparar aspectos de distintos SRI de algunas zonas del mundo. No para copiar, no es posible ni conveniente (sería caer en el error del "me-too"), sino para aprender y saber adaptar algunas de las lecciones aprendidas a la propia realidad.

Europa

Se estima que más de 100 regiones europeas han apostado durante los últimos años por ser bioregiones de referencia internacional. Se han dedicado millones de euros de las arcas públicas a esta apuesta que se ha revelado imposible y que, como tal, sólo ha dado resultados positivos en una pequeña minoría de las regiones implicadas.

Estas iniciativas fracasadas reúnen tres condiciones que nos deben mover a la reflexión.

La primera es que la decisión de inversión a menudo se ha tomado sin ningún método más o menos riguroso de planificación y sin ninguna evaluación coste-beneficio. No es solamente que el análisis no haya sido riguroso, es que en la mayoría de casos no ha existido. La secuencia de la "presunta decisión" sería tal que así:

Un ministro o ministra regional anuncia pomposamente la brillante idea, la sociedad civil correspondiente no manifiesta ninguna oposición ni comentario crítico alguno y acto seguido aparece en portada de la prensa de referencia de la región, una entrevista al tal ministro o ministra con un titular como el siguiente: "Nuestra región será líder mundial en nanotecnología" al que solamente haría falta añadir "porque lo digo yo". Y, lastimosamente, todos, políticos y ciudadanos, lo celebran ajenos al coste de todo tipo que esta mala decisión les reportará.

La segunda es que nadie se ha planteado establecer las más mínimas condiciones de gobernanza que aseguren la participación de los agentes y la capacidad de gestión efectiva y eficiente del programa correspondiente. La tercera es que no ha habido ninguna herramienta de seguimiento y evaluación (monitoring) de recursos, acciones, resultados e impacto en el territorio. Nadie hace ningún seguimiento, nadie es responsable y no se sabe qué ha pasado. Si te he visto no me acuerdo y a ti te encontré en la calle.

La nueva estrategia RIS3 (ver capítulo 6) de la Unión Europea tiene por objeto principal intentar evitar estas situaciones obligando a las regiones europeas a formular su estrategia de especialización inteligente, siguiendo criterios y metodologías concretas y presentando estas estrategias a la UE para su aprobación. En caso contrario, las regiones implicadas no podrán acceder a los distintos fondos de la política de cohesión como los fondos regionales Feder o el Fondo Social Europeo. Esperemos que este proceso, iniciado en el periodo presupuestario 2014-20, represente un cambio significativo para las regiones europeas y que dé como resultado una mejora progresiva de los respectivos SRI.

EEUU

Veamos los casos de Seattle y del MIT en el área de Boston. En realidad, no puede hablarse de un SRI de los EEUU puesto que existen situaciones y realidades tan diversas como existen en Europa. Por otra parte, en EEUU, la política regional corresponde a los estados y a las ciudades y no al gobierno federal que incentiva la I+D, la innovación y la industria a partir de programas nacionales que trascienden la lógica de los estados. Por ello nos limitaremos a presentar dos casos correspondientes a dos ciudades o regiones metropolitanas, una situada en el este, Boston y otra en el oeste, Seattle.

El caso de Boston, y más concretamente del entorno territorial y funcional del MIT se presenta en el capítulo 4 dedicado a los ecosistemas innovadores. En dicho capítulo afimamos:

"El análisis del ecosistema innovador del Instituto Tecnológico de Massachusetts (MIT) en Boston resulta muy interesante para nuestro país, tanto por su creciente complejidad como por sus resultados económicos. En el análisis se observa la presencia de factores destacados como la multiplicidad de actores, su interacción y el hecho de que para cada etapa de la cadena de valor del conocimiento (desde la investigación básica y aplicada hasta una empresa establecida, pasando por la valoración comercial, la creación de "spin-offs" y su crecimiento) existen las funciones y servicios apropiados que apoyan y facilitan el proceso en su conjunto".

"Un estudio publicado por la prestigiosa Fundación Kauffman en febrero de 2009, indica que gracias a este ecosistema innovador se habrían creado 25.800 empresas actualmente activas fundadas por ex alumnos del MIT, con una ocupación de alrededor de 3,3 millones de trabajadores y unas ventas anuales de 2 billones de dólares, cifra superior al PIB español, produciendo el equivalente a la undécima potencia económica del mundo ".

Y añadimos:

"Parece claro que con el objetivo de poder definir posibles acciones que nos permitan avanzar en la configuración de auténticos ecosistemas innovadores, un análisis comparado de estos ricos ecosistemas puede ser de interés para nuestro país. En este sentido, es importante insistir en la importancia de la multiplicidad de actores involucrados en el ecosistema, actores que también existen (universidades, centros de investigación, centros tecnológicos, parques científicos, parques empresariales, instituciones públicas con vocación pro-activa) en nuestro país. Pero más allá de la presencia de estos actores (y de algunas limitaciones en su diseño y operativa), el aspecto más relevante para que podamos hablar de un verdadero ecosistema innovador se encuentra en definir sus funciones en relación con el conjunto y en conseguir una adecuada interacción entre ellos"

En el caso de Seattle en pocos años se ha producido un gran cambio. En los años 70 la ciudad de Seattle situada en el noroeste de los EEUU era una ciudad en declive, que un anuncio ilustraba de manera gráfica indicando que el último en salir apagara la luz. Algo parecido a lo que hoy ocurre en Detroit o en otras ciudades del mundo que no han sabido pasar de ciudad industrial a ciudad del conocimiento y de la innovación.

Actualmente Seattle es una de las ciudades con una economía más dinámica del mundo. Ciudades como Seattle tienen éxito mediante una gestión inteligente atrayendo talento, instituciones y personas que se educan y emplean entre ellos y construyendo ecosistemas innovadores sostenibles. En definitiva, potenciando sus respectivos SRI o ecosistemas urbanos innovadores.

Chile y Perú

Grandes oportunidades. Se trata de dos países con un gran potencial de crecimiento basado en sus actuales políticas públicas para potenciar las actividades de más valor añadido, partiendo de sus respectivos activos tangibles e intangibles. En ambos países los recursos naturales han jugado un papel fundamental en su desarrollo reciente. La minería, la agricultura, la pesca y otros recursos naturales han sido el núcleo central de sus actividades económicas y de sus exportaciones.

Pero ambos países se han dado cuenta de que, sin abandonar sus sectores tradicionales, debían añadir valor a estas actividades y generar nuevos sectores de actividad de más valor añadido.

En Chile mediante el impulso de CORFO (agencia pública de promoción de la economía y la innovación) a nuevos sectores económicos, a partir de las estrategias regionales de innovación desarrolladas durante los últimos años. En Perú mediante la aplicación de las medidas contenidas en el Plan Nacional de Diversificación Productiva (PNDP) aprobado por el gobierno e impulsado por el Ministerio de la Producción.

En Chile, CORFO es la agencia del gobierno que tiene por misión: mejorar la competitividad y la diversificación productiva del país, a través del fomento a la inversión, la innovación y el emprendimiento, fortaleciendo, además, el capital humano y las capacidades tecnológicas para alcanzar el desarrollo sostenible y territorialmente equilibrado. CORFO desarrolla sus actividades a través de distintos programas, muchos de ellos dirigidos al fortalecimiento de los SRI.

En Perú, el PNDP parte de la idea de que la economía peruana necesita identificar e impulsar nuevas actividades productivas que sean motores adicionales del crecimiento y promuevan una mayor diversificación económica, que permitan reducir su vulnerabilidad externa, mejorar su rendimiento y maximizar sus posibilidades de sostener altas tasas de crecimiento económico en el largo plazo. Se estructura en tres ejes estratégicos: a) promoción de la diversificación productiva; b) adecuación de regulaciones y simplificación administrativa, y c) expansión de la productividad.

En relación con el fortalecimiento de los SRI de Perú, destacaría dos programas específicos que actualmente están en pleno desarrollo:

- El Programa de promoción de una red nacional de Centros de Innovación Tecnológica (CITES), a fin de proveer servicios de asesoría especializada para la adopción de nuevas tecnologías y el cumplimiento de estándares y mejora de la productividad de las Mypes.
- El Programa de promoción de la implementación de parques industriales para facilitar el acceso ordenado de los productores a una zonificación industrial con bajos costos de bienes raíces, así como a servicios públicos de mejor calidad y menor precio (banda ancha, electricidad). En este sentido se ha presentado el nuevo modelo de Sistema Nacional de Parques Industriales y Ecosistemas Productivos de Perú, en el que tuve la oportunidad de participar, que se encuentra en plena fase de desarrollo en distintas regiones del país. (Ver _http://www.produce.gob. pe/images/stories/Repositorio/presentaciones-ghezzi/PAE-PERU.pdf_).

Algunas conclusiones: hoy día, en todo el mundo, países y regiones están intentado potenciar sus respectivos SRI, con formas y contenidos diversos, pero con algunas características comunes, entre las que podríamos destacar:

1. Partenariado y complicidades público-privadas. La cuádruple hélice, formal en el caso de Europa, informal pero efectiva en

otros casos, permite hacer frente al reto de la competitividad global de los sistemas productivos regionales.

2. Potenciar estrategias de especialización inteligente (*"smart specialization"*) en el sentido del RIS3 de la UE, lo cual significa destinar los recursos públicos y privados a aquellas actividades que reúnen las condiciones de partida para hacer el salto a la competitividad internacional mediante la activación de su potencial innovador. Es el caso de la pesca en Perú o de las industrias culturales en Valparaíso.

3. Para potenciar los sectores estratégicos es necesario crear plataformas de atracción y fijación del talento internacional.

4. Un elemento esencial es la potenciación del sistema educativo a todos los niveles, para generar talento que pueda desarrollar sus capacidades en el propio país sin que éste tenga que verse obligado a emigrar a otras regiones. Competencia entre países y regiones.

5. Capacidad de diseñar proyectos concretos realistas y efectivos, fomento de la cultura del proyecto.

2.8

Políticas de promoción económica y sociedad civil, la triple hélice

HEMOS DEDICADO ALGUNOS APARTADOS A LA ECONOMÍA DEL CONOCIMIENTO SIN PROFUNDIZAR DEMASIADO EN ESTE CONCEPTO. DURANTE ESTE Y LOS PRÓXIMOS APARTADOS HABLAREMOS DE TRES MODELOS DE REFERENCIA RELACIONADOS CON LA ECONOMÍA BASADA EN EL CONOCIMIENTO.

Se trata de tres teorías que iremos desarrollando en posteriores artículos: la triple hélice (actualmente cuádruple) la teoría de las tres T y la teoría de Clústers. Esta última en los apartados 2.10, en el que presentaremos la teoría y el 2.11 en el que lo aplicaremos a los clústers urbanos.

La triple hélice

Según este modelo, formulado inicialmente por el profesor Henry Etzkowitz de la Universidad de Cambridge en 1966, y desarrollado posteriormente por diferentes autores, la innovación en una economía basada en el conocimiento se produce mediante la interacción entre ciencia y tecnología, empresas y administraciones públicas. Este modelo hace hincapié en las interfaces entre dos o más de las organizaciones de los elementos de la triple hélice, colaborando entre ellas para estimular el intercambio.

Este intercambio entre los elementos de la triple hélice se realiza a diferentes niveles. En primer lugar, se produce una transformación interna en cada una de las hélices, en el sentido del desarrollo de relaciones de cooperación por ejemplo entre empresas mediante alianzas estratégicas, o entre universidades con acciones conjuntas. También con programas de cooperación entre diferentes niveles de la administración.

En segundo lugar, cada una de las hélices influye en el comportamiento de las otras. Por ejemplo, las políticas públicas de fomento de clústers pueden favorecer la creación y el desarrollo de grupos de empresas y fomentar su cooperación. La participación conjunta de empresas y de universidades en un centro tecnológico o en un parque científico afecta el comportamiento de ambas partes. También la creación de organizaciones de promoción de clústers con participación de las tres hélices promueve la colaboración entre las partes.

Las relaciones entre universidad-industria-gobiernos y administración pública, propias del modelo de la triple hélice han evolucionado durante los últimos años, con diferencias notables entre países. En general se ha pasado progresivamente de formas de relación bilateral entre gobierno-universidades, academia-industria y gobierno-industria hacia relaciones triangulares entre las partes, sobre todo a nivel regional y local donde las relaciones personales pueden favorecer esta mayor interrelación. Se entiende por industria la nueva industria formada por un conglomerado de producción industrial y servicios estrechamente interrelacionados.

De esta manera, en diferentes países del mundo están emergiendo formas de cooperación triangular academia-empresa-gobierno con fórmulas jurídicas y organizativas diferentes, pero con el objetivo común de estimular el desarrollo de la economía basada en el conocimiento. Las estrategias de desarrollo económico basadas exclusivamente en la promoción directa de sectores industriales tradicionales, son progresivamente sustituidas por nuevas estrategias de desarrollo económico basadas en el conocimiento en el que participan las tres partes de la triple hélice.

A su vez, estas acciones de cooperación a tres bandas entre esferas institucionales rígidamente separadas, están evolucionando hacia fórmulas flexibles en las que las tres partes se solapan. En este caso, cada una de las partes está asumiendo funciones que tradicionalmente se habían asignado a la otra parte. Por ejemplo, la universidad promueve la creación de nuevas empresas a través de programas de emprendimiento y de servicios de incubación. Algunas grandes empresas ejercen funciones educativas a través de sus centros de formación o de la creación de universidades corporativas. O el gobierno crea fondos de capital riesgo a través de programas de emprendimiento o promueve actividades deI+D colaborativas entre empresas, universidades y laboratorios públicos.

El desarrollo del modelo de innovación basado en la triple hélice ha tenido diferentes formulaciones prácticas en el mundo en los últimos años. En algunos casos, las interacciones se han producido entre individuos y organizaciones de forma natural "de abajo arriba" ("*bottom-up*"). Sería el caso dominante en EEUU. En otros casos se han promovido a partir de políticas públicas "de arriba abajo" ("*top-down*"), sería el caso europeo. En la práctica se observan modelos intermedios producto de la dinámica social e institucional local y regional.

La creación de espacios del conocimiento

Es a nivel regional donde suele generarse una mayor dinámica de creación de espacios del conocimiento basados en la triple hélice, tal vez porque es en este ámbito en el que es más fácil conseguir el necesario consenso entre las partes, debido a la mayor colaboración público-privada basada en el conocimiento y en la confianza mutuas. En el ámbito regional por otra parte, se facilitan dinámicas de colaboración estatal-regional-local, tanto en la hélice gubernamental como en el empresarial. En el caso de la hélice universitaria la iniciativa corresponde a cada universidad situada en el territorio considerado.

Los agentes promotores del desarrollo económico regional han pasado de políticas basadas en la creación de "climas favorables al desarrollo económico" y de subvenciones a empresas, a la creación de condiciones de entorno favorables al desarrollo de la economía basada en el conocimiento. Entre estas nuevas políticas destaca la creación de espacios de conocimiento o de concentraciones de actividades de I+D relacionadas, en una determinada área local. Algunos autores distinguen tres etapas en la creación de estos espacios creativos.

La primera etapa se conoce por espacio creativo. Consiste en la concentración de capacidades de I+D en diferentes espacios del territorio por especialidades o áreas de conocimiento. Su finalidad en principio no es la de crear riqueza al menos a corto plazo. Algunos de los parques científicos creados en España durante los últimos años responden a esta primera etapa.

La segunda etapa es la conocida por espacio de consenso. Se trata de intentar transformar estos espacios desde espacios creativos con potencial de desarrollo económico, a otros espacios donde este desarrollo sea real. Mediante la creación de lugares donde actúan conjuntamente personas de diferentes organizaciones y culturas diversas propias de la triple hélice, con el fin de generar nuevas iniciativas e ideas innovadoras. El parque científico de la Universidad de Barcelona (UB), promovido por el ex-rector Dr. Màrius Rubiralta, fue uno de los pioneros de este tipo de espacios en España.

La tercera etapa consiste en la creación de espacios de innovación, que representan un estadio más avanzado del espacio de consenso con un nivel organizativo que permite un mayor desarrollo de la economía basada en el conocimiento. En este caso, a la presencia de los elementos de la triple hélice, se añade la participación de otros agentes privados como empresas de capital riesgo que actúan directamente en la creación de riqueza. El espacio de innovación representa un estadio más complejo y más integrado en la creación de entornos apropiados para el desarrollo de la economía basada en el conocimiento. Un ejemplo de este modelo hoy en España sería el Parque Barcelona Media promovido por la UPF (Universidad Pompeu Fabra) y otros agentes de la triple hélice, situado en el distrito 22@ de Barcelona. A nivel internacional serían espacios de innovación el campus del MIT con influencia en el conjunto del área urbana de Boston o el Silicon Valley y la universidad de Stanford en California.

Durante los últimos años, a la triple hélice anterior, se le ha añadido una cuarta hélice de modo que hoy ya se suele hablar del modelo de la cuádruple hélice. La cuarta hélice se refiere a la sociedad civil que debería jugar un papel importante en la conformación y en la aplicación de las políticas públicas de promoción económica basadas en el conocimiento.

2.9

Políticas de promoción económica 2: La Teoría de las Tres T

LA CUÁDRUPLE HÉLICE QUE HEMOS VISTO EN EL APARTADO ANTERIOR SE CENTRABA EN EL PAPEL DE LOS AGENTES PÚBLICOS Y PRIVADOS Y EN SUS INTERRELACIONES. PERO LA BASE DE TODO ELLO ES EL PAPEL QUE JUEGAN LAS PERSONAS CON TALENTO.

Sin talento no hay economía basada en el conocimiento y estas personas deciden vivir y trabajar donde piensan que se dan las mejores condiciones. Promover estas condiciones será una de las funciones esenciales de las nuevas políticas públicas.

La teoria de la clase creativa se debe al profesor Richard Florida de la Universidad de Carnegie Mellon y es conocida como la teoría de las 3 T. En su teoría, el profesor Florida destaca el papel de las áreas urbanas creativas como espacios donde se verifica su teoría de las tres T: tecnología, talento y tolerancia. Es en estos espacios donde la economía creativa tendría su mayor desarrollo.

En el libro *"The rise of the creative class"* (el desarrollo de la clase creativa) Florida afirma que la base del crecimiento económico en los últimos años ha sido la tecnología, el talento y la tolerancia (las 3 T). La tecnología como conocimiento y como capital tecnológico, el talento de las personas capacitadas y la tolerancia o calidad de vida de los ambientes urbanos. En este sentido, serían las clases creativas las que podrían generar un mayor crecimiento económico, en aquellos entornos urbanos donde estas personas quieren vivir y trabajar. Florida utiliza la palabra tolerancia como sinónimo de aceptación social de formas de vida no estándar (en cuanto a opciones familiares, sexuales, etc) y de proliferación de actividades culturales y de entretenimiento.

Según Florida, la presencia de la clase creativa alimenta positivamente el desarrollo de un entorno urbano personal y profesional abierto, dinámico y creativo. A su vez, este entorno atrae más personas creativas lo cual promueve el desarrollo económico y la atracción de recursos de capital y de nuevas actividades económicas.

En su obra, Florida pone en cuestión las conocidas estrategias económicas urbanas basadas en las inversiones en infraestructuras como estadios deportivos, edificios singulares o grandes centros comerciales, y las contrapone con la necesidad de desarrollar también medidas para la atracción y la retención de talento, como medio para asegurar el desarrollo económico a largo plazo.

La teoría de las 3T de Florida ha recibido muchas críticas de diferentes sectores profesionales e ideológicos en EEUU. Por un lado los sectores más situados en el entorno ideológico del partido republicano lo atacan porque, según ellos, esta teoría supone un pretexto para seguir aumentando el gasto público, con la excusa de crear las condiciones urbanas que atraigan a las clases creativas . La izquierda americana en cambio, lo critica porque Florida podría defender a una élite cultural y económica, en contra de la tradicional clase trabajadora.

En julio de 2004 Florida publicó un artículo (*"The Next American City, The Great Creative Class Debate: Revenge of the Squelchers"*, donde intentó rebatir las razones aportadas por sus críticos. Por eso en este artículo presenta las evidencias empíricas que él y su equipo ha ido acumulando y que demostrarían: 1) el papel de la clase creativa en el crecimiento económico y la vitalidad urbana, y 2) que estas clases seleccionan su localización en función de la tolerancia y atractivo cultural de las ciudades y no tanto por la oferta laboral existente. Los principales puntos de defensa de Florida se podrían resumir así:

Sus datos demostrarían que las ciudades más "creativas" según su teoría, han crecido más en las últimas décadas, generando empleo de más calidad y con salarios más altos.

Por otra parte, según Florida no hay una oposición entre condiciones favorables para las clases creativas y para las familias tradicionales, dado que los trabajadores creativos se ven atraídos por la diversidad (resultado de la tolerancia) y estas condiciones urbanas son también atractivas para las familias tradicionales, ya que muchos de sus miembros son también trabajadores creativos.

Florida dedica un esfuerzo especial a explicar su propuesta del papel de los gestores urbanos, para defenderse de las críticas que proponen que sus teorías promueven un exceso de intervencionismo y gasto público. Florida plantea que los gestores deben limitarse a crear las condiciones propicias para el asentamiento de las clases creativas (que a su vez generará crecimiento económico), pero no deben tratar de planificar "desde arriba" el proceso.

Este planteamiento comprensible en el entorno americano, se suele plantear en Europa con una perspectiva de partenariado público-privado que, desde mi punto de vista, puede superar una dicotomía excesivamente rígida entre ambos ámbitos. En este sentido, los gestores urbanos pueden actuar desde instrumentos propios del espacio de consenso antes referido, promovidos por iniciativa pública o conjunta. Lo que es importante, en cualquier caso, es dotar a estos instrumentos de gestión de la capacidad de actuación autónoma y de criterios profesionales que escapen al control político del gobierno.

Finalmente, el artículo propone una serie de preguntas abiertas y problemas de futuro con que se están encontrando las ciudades "creativas". En concreto, este tipo de ciudades pueden generar más desigualdades en la distribución de los ingresos económicos y pueden provocar incrementos de precio en la propiedad inmobiliaria. Como consecuencia de ambos procesos, una parte de la población se vería expulsada de la ciudad (especialmente aquellas personas con bajos ingresos y las familias con hijos). Estos problemas apuntarían a la posible insostenibilidad del modelo de crecimiento de estas ciudades.

Situación aquí y ahora

La teoría de la clase creativa tuvo la virtud de abrir un debate importante sobre el papel de las ciudades y de la planificación urbana en la economía. Debate que probablemente no ha llegado con fuerza aquí, donde ni la estrategia económica de las ciudades ni la planificación urbana al servicio del desarrollo económico ocupan una posición destacada en el debate político.

La situación en nuestro país se caracteriza por una parte por políticas de promoción económica clásica, con los problemas que se han explicado en anteriores apartados, especialmente en los números 2.1 y 2.2; y por el otro, por unas políticas urbanísticas basadas en un concepto de ciudad difusa y no sostenible propias de los modelos de ciudad del siglo XX y alejadas del concepto de ciudad sostenible y del conocimiento capaz de atraer talento internacional según el modelo de Florida.

Igualmente, la tradicional separación orgánica y profesional de estos dos ámbitos — la política de promoción económica y la política urbanística— dificulta el planteamiento de políticas integradas de promoción de la economía basada en el conocimiento en un entorno urbano.

Una reflexión a retener para el caso español sería la excesiva orientación de las inversiones públicas en infraestructuras "tradicionales", como apunta Florida, y una escasa dedicación al desarrollo urbano de las tres T. Sobre todo si consideramos las dos primeras T, la tecnología y el talento, tanto propio como atraído desde fuera.

2.10

Políticas de promoción económica 3: La Teoría de Clústers

DESDE LA FORMULACIÓN DE ALFRED MARSHALL (MARSHALL, 1890) DE LOS "DISTRITOS INDUSTRIALES", HASTA EL MODERNO CONCEPTO DE "CLUSTER" PROPUESTO POR MICHAEL PORTER (PORTER, 1990 Y 1998), PASANDO POR EL ANÁLISIS DE LOS DISTRITOS INDUSTRIALES DE LA "TERZA ITALIA "(BECATINI, 1987 Y 1989), HAN SIDO NUMEROSOS LOS ECONOMISTAS QUE HAN ESTUDIADO EL FENÓMENO DE LA RELACIÓN ENTRE EL ESPACIO REGIONAL O LOCAL Y LOS ACTORES ECONÓMICOS Y LA INNOVACIÓN.

La teoría y la práctica actuales de los "clusters" se basa en esta tradición y trata de integrar las características propias de la economía del conocimiento que hemos visto en otros apartados del libro.

Marshall ya observó, a finales del siglo XIX, que las aglomeraciones territoriales de actividades industriales relacionadas, que llamó "distritos industriales", eran más eficientes en la medida en que se beneficiaban de externalidades positivas asociadas a sus respectivas actividades. Es decir, que empresas cercanas en un espacio determinado podían beneficiarse de esta proximidad mediante la colaboración.

Por su parte Michael Porter (1998), puso también el acento en la importancia de la competencia local como incentivo para la innovación, conectando el potencial de la competencia con las virtudes de la cooperación selectiva. Porter relacionó el concepto de "cluster" con la capacidad competitiva de las industrias y de las naciones, con la definición que sigue:

> *"Clusters son grupos geográficamente cercanos de compañías interconectadas y de instituciones asociadas en un campo determinado, unidas por elementos comunes y por complementariedades. Los clusters conforman una matriz de industrias conectadas y otras entidades importantes para competir, incluyendo instituciones gubernamentales y otras como universidades, agencias, "think tanks", centros de formación y asociaciones empresariales".* (Porter, 1998).

Actualmente hay una cierta confusión sobre el significado real del concepto "cluster", ya que probablemente se está utilizando con excesiva profusión para casos diversos. En mi caso voy a referirme al concepto de clúster que utiliza habitualmente el TCI (*"The Competitiveness Institute"*, el instituto de competitividad) promovido por el propio Michael Porter. Ampliaremos el concepto en un próximo artículo. La citada fuente considera que los siete elementos clave de un clúster son:

1. **Concentración geográfica.** Desde el principio, la concentración geográfica ha sido un elemento clave de un clúster. La proximidad física entre los miembros de un clúster es la que permite la mayor parte de sus beneficios, distinguiendo entre aspectos *"hard"* y *"soft"*.

Se entiende por elementos "hard" o tangibles aquellos directamente relacionados con los beneficios de las empresas para ubicarse en un lugar determinado. Serían entre otros el acceso a activos o recursos propios de la zona, las oportunidades para reducir costes de transacción por ejemplo en el acceso a personal cualificado, las economías de escala y de aglomeración, el acceso a proveedores especializados, los medios de acceso a la información compartida o la relación con una demanda local sofisticada.

Los elementos "*soft*" serían los intangibles entre los que podríamos destacar el "capital social" de la zona. Entendemos por capital social de un territorio las formas de intercambio de conocimiento tácito a partir del conocimiento y la confianza entre personas y grupos sociales. Las facilidades del encuentro "*face-to-face*" (cara a cara) informal como fuente de innovación y mecanismo de colaboración. La existencia de espacios de relación personal como bares, restaurantes, campus o instituciones que favorecen la relación personal, tal y como ha destacado Richard Florida, son elementos fundamentales para la creatividad.

2. **Especialización.** Normalmente los miembros de un clúster comparten una misma actividad principal, aunque no necesariamente relacionada con un mismo sector. Las relaciones cliente-proveedor pueden establecerse entre miembros de un mismo clúster, pero pertenecientes a diferentes sectores de actividad, en el sentido tradicional del término sector.

Por ejemplo, actores que hacen diferentes actividades del sector de las TIC, junto con empresas fabricantes de sensores o de sistemas automáticos pueden formar parte de un clúster de telemática. Algo similar puede ocurrir con un cluster de biotecnología, formado por diferentes agentes relacionados con el sector alimentario, la agroindustria, las tecnologías médicas y las tecnologías ambientales.

En realidad, cada vez es más frecuente que la innovación se produzca en las zonas frontera entre diferentes actividades. Así los clusters de la economía del conocimiento serán cada vez más diversos, a diferencia de los distritos industriales tradicionales.

3. **Múltiples actores.** Un clúster no está formado por una suma de empresas individuales. Una de sus características fundamentales es el pluralismo, la complejidad, la mezcla de actividades y de agentes. La organización de un sistema productivo en cadenas de valor, conlleva la conformación de un sistema de relaciones plural entre diferentes agentes que colaboran, intercambian información, generan procesos de aprendizaje compartido, etc. Aparte de la colaboración entre empresas, se establecen fuertes lazos con otras instituciones como universidades, centros de investigación, agencias públicas, etc.

   Según Ikeda (Anderson, 2004), los actores esenciales de un clúster se podrían ordenar en cuatro categorías o grupos. Serían los siguientes: empresas, administraciones públicas, la comunidad investigadora y las instituciones financieras. Otra institución fundamental, sobre todo en una nueva iniciativa, sería lo que los autores denominan Instituciones para la Colaboración (IPC) definidas como actores formales o informales que actúa de promotor de la iniciativa motivando a los actores a participar en el clúster.

4. **Competencia y cooperación.** Entre los diferentes elementos de un clúster se producen relaciones de cooperación, pero, a su vez, esto no obsta para que también compitan entre ellos. En realidad, la presión competitiva interna representa un incentivo a la innovación y a la mejora de cada uno de los miembros de un clúster en costes, calidad, capacidad comercial y para entrar en nuevos mercados etc.
   La competencia estimula la creatividad a la vez que la cooperación permite compartir recursos, reducir riesgos, aumentar la especialización de la empresa, fomentar la complementariedad de actividades entre empresas, etc. Asimismo, se pueden promover servicios compartidos, tales como un centro tecnológico, que beneficien a los miembros del clúster. Por ejemplo, imaginemos un clúster del mueble que recibe un pedido muy importante de Dubai que ninguna empresa individual tiene suficiente capacidad para atender. Una función del cluster seria atender este gran pedido mediante la cooperación de las empresas, a la vez que se mantendría la competencia entre ellas para las ventas normales. La competencia y la cooperación de los miembros de un clúster no sólo no son

contradictorias, sino que favorecen a todos sus miembros. El factor que permite el mantenimiento en el tiempo del binomio competencia-cooperación es la confianza entre los miembros del clúster. Confianza basada en la conveniencia de compartir un proyecto y una visión del sector. En la necesidad de impulsar colectivamente un proyecto que beneficiará a todos a medio y largo plazo. La confianza es un factor cultural que requiere de la relación personal cara-a-cara (*face-to-face*) y tiene su traducción, a nivel institucional, por la vía de compartir instituciones y organizaciones comunes y a nivel práctico, mediante la participación en proyectos colectivos. De ahí que los clusters, como hemos visto, se configuran en un entorno geográfico determinado donde estos valores culturales se manifiestan.

Pero con la globalización, estos clusters territoriales deben conectarse a escala global con clientes pero también con empresas del mismo sector con las que competir y cooperar. Se configura pues un doble nivel de relación, la propia del clúster territorial, con la relacionada con la organización a escala global. Se organiza una malla compleja de relaciones locales y globales en que cada empresa debe saber situarse correctamente mediante acciones de cooperación y de competencia. La complejidad, como hemos reiterado, es uno de los signos de nuestra sociedad del conocimiento.

En este sentido, los clústeres se configuran como nodos locales de redes globales. Y cada clúster puede conectarse con otros clústeres en una red global.

5. **Masa crítica.** Es evidente que unas pocas empresas no crean un clúster. Se necesita una cierta dimensión para tener los beneficios que estamos analizando. Aquí aparece el concepto de masa crítica, prestado de la física nuclear, que significa en este caso, un mínimo número de empresas y de volumen de negocio por encima del cual se producen los efectos positivos de un clúster. La razón de una necesaria masa crítica se encuentra en que, para que funcione el proceso de aprendizaje y de innovación propios de un clúster, se necesitan múltiples interacciones y combinaciones entre sus miembros, que no se dan si el número es pequeño. Por otra parte, ante una crisis del sector, sin una dimensión determinada, las pérdidas de algunas empresas pondrían en crisis la viabilidad del clúster.

Este concepto de masa crítica, no es sin embargo válido para todas las actividades, ni es un concepto inmutable. Según la naturaleza de cada sector, la masa crítica necesaria puede variar; asimismo la dimensión óptima evoluciona con el tiempo. Finalmente, a veces la presencia de una gran empresa tractora puede configurar un clúster a su alrededor aunque inicialmente se parta de unas pocas empresas. Sería, en su dia, el caso de Nokia en Finlandia y el cluster de las tecnologías dela información basadas en el teléfono móvil.

6. **El ciclo de vida de un clúster.** En general, cualquier cluster evoluciona en el tiempo, aumentando su dimensión y su complejidad. Según el modelo publicado en Ikeda (2004), se proponen cinco etapas en el ciclo de vida de un clúster: aglomeración, emergencia del clúster, desarrollo, madurez y transformación. En definitiva, un cluster es un organismo vivo que evoluciona en el tiempo y puede pasar por algunas de las etapas descritas.

   - **Aglomeración:** existen en una misma región un número determinado de empresas y otros actores relacionados con un sector de actividad.
   - **Emergencia del cluster:** un número de miembros de la aglomeración comienzan a cooperar en torno a una actividad de interés común y desarrollan nuevas oportunidades a partir de su relación.
   - **Desarrollo:** el número de miembros que cooperan crece, con actores que ya estaban en la aglomeración que empiezan a cooperar, o bien las ventajas del cluster emergente atraen nuevos actores. También por el desarrollo propio de sus miembros. Es en este estadio donde puede aparecer, más o menos formalmente, la figura del IPC (Institución para la Colaboración) que hemos visto anteriormente, a la vez que se visualiza una imagen externa del clúster.
   - **Madurez:** un cluster maduro es aquel que ya tiene una masa crítica de miembros, que ha realizado acciones de cooperación internas y externas y los miembros ya han experimentado en la práctica los beneficios del mismo. Miembros de otros territorios se han incorporado, hay una dinámica de creación de start-ups o nuevas empresas emergentes, etc.
   - **Transformación:** en un mundo en fuerte transfor-

mación cambian las tecnologías, las condiciones de la competencia etc y el clúster y sus miembros tienen que innovar permanentemente. En estas condiciones, el clúster debe tener la capacidad de adaptarse al cambio, lo que a veces representa la transformación en nuevos clusters emergentes nacidos del clúster inicial, por especialización en actividades concretas o debido a una reorientación en el modelo de negocio de una de sus actividades.

7. **Innovación.** La innovación es la característica fundamental de un clúster, sin la cual éste no existe o es una simple etiqueta formal. Un clúster favorece las condiciones para que se desarrolle la innovación, en el sentido que hemos visto.
   Como afirma Von Hippel (1994), la conexión entre los clusters y la innovación está asociada con el "conocimiento fijado en un territorio" ("sticky knowlege") basado en la interacción social. En la medida que la innovación se refiere a nuevas ideas que se comercializan, el clúster representa un entorno propicio para el flujo de nuevas ideas y para su transformación en objetos o en procesos que son aceptados por el mercado. La conexión entre los miembros del clúster favorece el proceso innovador.
   A veces esto se produce por la simple interacción entre empresas, las ideas fluyen y se transforman en proyectos e iniciativas que generan innovaciones. En otros casos es la presencia de un centro de I+D en el clúster lo que favorece la puesta en marcha de un proyecto que, al final, se convierte en innovación que favorece a algunos miembros del clúster y, por efecto difusión, probablemente termina favoreciendo al conjunto.

Para terminar esta pequeña introducción a la teoría de clusters, quiero concluir con dos ideas y una pregunta final. La primera idea es que esta teoría nos permite hoy entender algunos de los procesos que se están dando en la nueva economía a nivel global. La segunda, que los clusters siguen siendo un magnífico instrumento para promover la economía basada en el conocimiento, siempre que se entienda su naturaleza y su dinámica interna y externa.

La pregunta es la siguiente: ¿hay muchos clusters reales en nuestro país, más allá del nominalismo fomentado a menudo por las diferentes administraciones?. Recuerdo dos experiencias recientes visitando dos comunidades autónomas españolas; al preguntar cuántos clusters había en la región y ver que se consideraban oficialmente un número importante, vimos finalmente que muchos de ellas eran asociaciones de empresas que no reunían la mayoría de las condiciones anteriores.

Una lección que deberíamos retener, es que no se puede promover un clúster donde no existen las condiciones necesarias para ello y que no deberíamos llamar clúster a cualquier asociación empresarial por el solo hecho de autodenominarse de esta forma, o por haber sido reconocida como tal por la administración.

2.11

Políticas públicas 4: Los clústers urbanos

LA PROMOCIÓN DE CLÚSTERS URBANOS O EL PAPEL DE LAS CIUDADES COMO AGENTES GLOBALES.

Mediante la integración de las teorías vistas en los artículos anteriores, y su confrontación con la realidad local , en este caso del proyecto 22@ de la ciudad de Barcelona, se ha ido desarrollando un modelo de nueva ciudad del conocimiento. Es un modelo abierto, nacido de la dinámica del citado proyecto durante el periodo 2003-2007, resultado por tanto del trabajo de un conjunto de profesionales que participaron con entusiasmo en el mismo y que tuve el privilegio de liderar.

Se trata de ser capaces de dar respuesta a la pregunta siguiente: ¿cómo las ciudades pueden promover nuevas actividades económicas intensivas en conocimiento?. Ya que las ciudades , como afirmamos a lo largo del libro, de manera especial en el próximo capitulo, son actualmente el escenario de la nueva economía, ¿cómo pueden promover nuevas actividades económicas?, ¿qué deben hacer para atraer personas de talento de todo el mundo?.

Actualmente, las ciudades y las áreas metropolitanas de todo el mundo, están trabajando en la integración del desarrollo cultural y social, del desarrollo económico y del desarrollo urbano. La adecuada coordinación de estos tres elementos es un proceso complejo, a menudo poco comprendido por los líderes urbanos que suelen actuar en ámbitos y acciones disgregadas sino antagónicas. Su comprensión y su aplicación para el desarrollo integral de la ciudad, requieren tener visión a largo plazo y capacidad de planeamiento y de gestión. Virtudes poco arraigadas en la tradición de nuestro país. Para avanzar en la correcta comprensión de este proceso complejo, se propone una acción coordinada basada en tres planos o entornos distintos, tal como se representa en la figura siguiente.

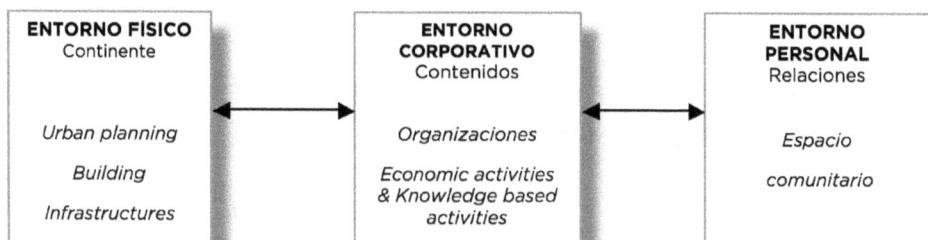

ENTORNO FÍSICO Continente	ENTORNO CORPORATIVO Contenidos	ENTORNO PERSONAL Relaciones
Urban planning	Organizaciones	Espacio
Building	Economic activities & Knowledge based activities	comunitario
Infrastructures		

Cada plano tiene una lógica distinta y los agentes implicados son también diversos. Por otra parte, hay una secuencia temporal en el sentido de izquierda a derecha; el entorno físico prepara el terreno, los espacios, para que los otros dos planos puedan actuar secuencialmente mas tarde. A partir de un momento determinado del proyecto, los tres planos intervienen en estados de desarrollo distintos, y se deben aplicar políticas de coordinación entre los distintos niveles y los distintos agentes. En este sentido, la figura de la entidad coordinadora, que a la vez impulsa el conjunto del proyecto, es fundamental.

El entorno físico o el continente.

El objetivo de esta primera fase es ordenar el espacio para que pueda albergar las actividades del Cluster Urbano (CU). El entorno físico afecta varias disciplinas, entre las cuales cabe destacar el planeamiento urbano, la construcción de edificios y las infraestructuras. Para abordar con éxito la transformación del entorno físico, se deben considerar los siguientes aspectos: el modelo que queremos aplicar, las condiciones iniciales del entorno urbano considerado y los agentes implicados.

El modelo urbano a aplicar: una ciudad compleja implica mezcla de usos residencial, productivo, comercial y servicios. Esto implica una visión del Clúster Urbano sin límites claros, plenamente integrado en el conjunto urbano, alejado de la visión de Parque Tecnológico fuera del casco urbano como el modelo Sophie Antipolis en Europa. No se trata de una área cerrada con baja densidad, se trata de un entorno propio del modelo de ciudad compacta, donde las personas viven y trabajan en un espacio con una movilidad amable a escala humana. Sería el caso del campus del MIT o del de la Universidad de Harvard en Cambridge (Massachusetts) o incluso, aunque con diferencias notables, del Silicon Valley, las Universidades de Stanford y Berkeley y la zona de la Bahia de San Francisco.

Condiciones iniciales: la definición y el desarrollo del proyecto dependen en gran medida de las condiciones iniciales del mismo entre las que podemos destacar las siguientes. Si se trata de un área densa y con edificios existentes, algunos de ellos a conservar, o si es un espacio libre sobre el que construir. Si existen áreas naturales a proteger, como un rio o una zona verde a preservar, o si existen antiguos espacios industriales a descontaminar. La opinión y la implicación de la comunidad local y los efectos del proyecto sobre la misma. Etc.

Agentes implicados: un factor muy relevante es la propiedad pública o privada del suelo. En ambos casos es posible la transformación pero requiere esquemas e instrumentos distintos en uno o en otro caso. En el sur de Europa, el caso más frecuente será contar con la presencia de propietarios privados con los cuales habrá que contar. Otro agente importante es el promotor inmobiliario y su naturaleza pública o privada, con papeles distintos para ambos casos.

En todos los casos, la legislación urbanística y contar con los instrumentos societarios apropiados va a ser un factor determinante del éxito de la operación. El marco legal y la gestión urbanística son cruciales para asegurar un alto nivel de urbanización, construcción y disponibilidad de infraestructuras adecuadas para el desarrollo de un Clúster Urbano. Factores como la flexibilidad del planeamiento, el equilibrio entre beneficios y cargas para los propietarios y promotores privados que asegure un adecuado incentivo a la inversión, y un marco financiero público-privado que asegure la viabilidad de las inversiones en infraestructuras, serán también determinantes para el éxito del proyecto.

El entorno corporativo o los contenidos.

El objetivo de esta segunda fase es el de asegurar la continua aplicación de conocimiento en las actividades económicas que se desean promover. Partiendo de las bases conceptuales y de los modelos descritos en los artículos anteriores, como la triple hélice o la teoría de las tres T o la de los Clústers. Nuestro modelo de Clúster Urbano es coherente con dichos modelos.

En el caso del referido modelo de clústers, son especialmente relevantes para un Clúster Urbano, la concentración geográfica y la creación de una masa crítica de conocimiento alrededor de una actividad económica basada en el conocimiento.

Nuestro modelo de Clúster Urbano, en el entorno corporativo o segunda fase del proceso, se propone una metodología basada en la experiencia práctica acumulada en el citado proyecto 22@ Barcelona, para gestionar y promover clúster urbanos intensivos en el factor conocimiento. Su objetivo final consiste en la creación de áreas de excelencia en varios campos del conocimiento, en los cuales existen condiciones locales de partida para alcanzar el liderazgo internacional, mediante la concentración en el Clúster Urbano de empresas, servicios y centros científicos y tecnológicos públicos y privados relacionados con los sectores estratégicos que se desean promover.

Hemos hablado de condiciones locales de partida y de liderazgo internacional. Las condiciones locales deben existir, sin ellas el proyecto no supera el terreno de la ilusión o del discurso oficial. También la ambición para el liderazgo internacional, los proyectos locales con visión local no pasan del terreno de la economía social. Condiciones de partida, liderazgo internacional y un tercer elemento: concertación con los agentes públicos y privados que conforman las condiciones de partida. Empresas de referencia, universidades y centros de investigación, son algunos de los agentes protagonistas que deben participar en el impulso del proyecto, con el apoyo de la administración. El alcalde o el concejal de promoción económica no pueden sustituir a los agentes reales del proyecto.

La participación activa de dichos agentes debería estimular el desarrollo de cada cluster y de sus correspondientes sectores productivos. Además, se trata también de lograr crear el entorno apropiado para la aparición de nuevos sectores mediante la interacción continua entre los agentes. No hay que olvidar, como han destacado distintos autores, los factores de azar en la creación de sistemas productivos locales. El encuentro casual, las actividades colectivas, la mezcla de actividades diversas próximas en el espacio, favorecen la creación de la chispa necesaria para la innovación y para la generación de iniciativas. Y ello es más probable en entornos urbanos densos e intensos en talento como el que representan los Clúster Urbanos.

El entorno personal o el espacio de relación:

Nos referimos en esta fase al diseño y organización del espacio del Clúster Urbano, como espacio de relación personal. En realidad es el plano que vincula el Clúster Urbano con la ciudad, con su tejido social y cultural. Y es por tanto el plano en donde se debe manifestar todo su potencial como area innovadora y creativa que impregna y transforma el conjunto de la ciudad.

En este caso, estamos poniendo la atención en las personas más que en las organizaciones o en los espacios e infraestructuras. Consideramos el individuo como la unidad básica de conocimiento, el elemento clave sobre el que se construye la red creativa global. La innovación deviene en proceso social: los entornos interactivos, físicos y virtuales estrechamente relacionados, favorecen la creatividad del grupo en el que el conocimiento tácito fluye a través de las redes informales y facilita la innovación.

La ciudad creativa es el entorno apropiado en donde la interrelación entre la innovación social y la innovación productiva puede tener lugar. Los clústers urbanos basados en el conocimiento se ven favorecidos por el conocimiento y la creatividad que se genera mediante la interacción social. En definitiva, nuestro entorno personal consiste en cómo conseguir las condiciones ambientales apropiadas para la Tolerancia y el Talento de Florida.

Pero, ¿cómo podemos conseguir estas condiciones ambientales?, ¿cuáles son los espacios y prácticas necesarias para promover una ciudad creativa?, o finalmente, ¿cómo podemos diseñar estos espacios para favorecer la comunicación y la interacción de las personas?. Nos hemos referido a estos aspectos en artículos anteriores, pero ahora citaré los que considero que son los factores más importantes relacionados con la creación de un entrono personal creativo. Son los siguientes:

- Conectividad, dentro del propio espacio urbano y con el mundo.
- Identidad. El poder de la identidad local conectada con el mundo, en el sentido apuntado por Manuel Castells en su famosa trilogía sobre la sociedad en red.
- Talento. Jóvenes talentos, salidos del propio sistema educativo o atraídos por la ciudad creativa en el sentido de Richard Florida.
- Cultura. La ciudad rica en actividades culturales como forma de conexión de personas y lugares.
- Cultura innovadora. La ciudad promotora de valores de la nueva sociedad como la capacidad emprendedora, la cultura del esfuerzo o la asunción del riesgo.
- Espacios específicos. Diseñados en la primera fase del entorno físico pero utilizados y gestionados en el entorno personal o tercera fase.

En resumen, el entorno personal tiene como misión la de dotar al proyecto de clúster urbano de una identidad que supera el entorno físico y el corporativo. El entorno personal pretende en definitiva crear un cierto estilo de vida en el que se puede identificar el clúster urbano.

CAPÍTULO 3:

Ciudades y suelo industrial

3.1

Los polígonos industriales de Cataluña. 1

EL SUELO INDUSTRIAL HOY EXISTENTE EN CATALUÑA, ES UNO DE LOS ACTIVOS MÁS IMPORTANTES DEL PAÍS, TANTO DESDE EL PUNTO DE VISTA URBANÍSTICO E INMOBILIARIO, COMO DESDE UNA PERSPECTIVA PATRIMONIAL Y DE GENERACIÓN DE RIQUEZA.

Este importante patrimonio es en buena parte resultado de la historia del país y especialmente de la Segunda Revolución Industrial que tiene lugar a lo largo del siglo XX, caracterizada por un modelo productivo basado en la producción seriada, de un modelo energético basado en el petróleo y un modelo de movilidad basado en el uso del automóvil.

En un nuevo momento histórico, en pleno siglo XXI, en el que los modelos productivo, energético y de movilidad, se están transformando de manera significativa, es necesario hacer una reflexión en profundidad sobre el nuevo papel a jugar por el referido patrimonio que forman hoy los polígonos industriales en nuestro país.

Por otra parte, después de un largo periodo de gran expansión del suelo industrial en Cataluña, en el que el suelo calificado como industrial se multiplicó por 120 entre 1960 y 2002 (Solà, 2009), la crisis económica iniciada en el 2008 genera una serie de retos a los propietarios, gestores y ocupantes de los polígonos de actividad económica, y subsidiariamente, a las administraciones públicas territoriales.

Estos retos son, esencialmente:

• Dificultades patrimoniales vinculadas al pasado, los costes de mantenimiento y la incapacidad para invertir.
• Sobreoferta, cierre y abandono de empresas ocupantes y falta de atractivo para la llegada de nuevos establecimientos.
• Pérdida de competitividad de las empresas ocupantes y aparición de cuellos de botella por falta de servicios y/o infraestructuras.
• Dificultad para integrar los Poligonos de Actvidad Económica (PAEs) en una estrategia integral de promoción económica territorial y de atracción de inversiones

Además, durante el período anterior a la crisis económica, la acción pública se concentró en el desarrollo de nuevos espacios, a menudo de poca dimensión y distribuidos entre muchos municipios (cada municipio quería tener su polígono), y en menor medida, en la mejora física y/o solución de los síntomas externos de degradación (urbanización, calidad ambiental, infraestructuras, etc.) de los polígonos existentes. Sin embargo, en el actual contexto, es evidente que el foco debe situarse en la promoción económica.

Actualmente la situación de muchos polígonos es de una progresiva degradación como nos indican algunas cifras. Según Josep M. Carrera (ROMA, Abril 2013) la crisis económica habría vaciado unos 33 millones de m2 de suelo equivalente de actividad en Cataluña, este espacio podría ser un activo a escala local de disponibilidad inmediata, siempre que el nivel de calidad de los espacios de actividad sea el adecuado. Estamos hablando pues de 3.300Ha de suelo en riesgo de precarización y de abandono.

Se conoce la situación concreta de algunas localidades de la AMB (Área Metropolitana de Barcelona), polígono a polígono, pero tal vez sería necesario realizar un análisis global que nos permitiera disponer de una valoración de estos activos y de una estimación de las acciones de mejora a realizar, distinguiendo entre categorías de polígonos según su ubicación y sus posibilidades de rehabilitación futura.

Esto nos permitiría definir y aplicar una estrategia de valorización de estos espacios, seguramente situándolos en tres categorías: aquellos situados en un entorno urbano que podrían ser integrables en un modelo de ciudad compacta, los que admitirían procesos de inversión pública y privada para mejorar los servicios y por lo tanto su capacidad de atracción de inversiones. Finalmente, seguramente quedarían algunos polígonos marginales de difícil revalorización.

Tanto los proyectos que se desarrollen en el marco de RIS3CAT, generadores de nueva actividad económica, como las iniciativas relativas a la gestión de acciones integradas para el desarrollo urbano sostenible con la financiación FEDER, pueden ser una gran oportunidad para la transformación de algunos de los actuales PAE.

3.2

Los polígonos industriales de Cataluña. 2

EN EL APARTADO ANTERIOR SOBRE LOS POLÍGONOS INDUSTRIALES DE CATALUÑA, HABLÁBAMOS DEL PROBLEMA QUE HOY REPRESENTAN, PERO TAMBIÉN EMPEZÁBAMOS A APUNTAR ALGUNA OPORTUNIDAD PARA MEJORAR LA SITUACIÓN ACTUAL. DEDICAREMOS ESTE APARTADO A HABLAR DE POSIBLES SOLUCIONES.

Decíamos que podríamos situar los polígonos en tres categorías: aquellos que admitirían procesos de inversión pública y privada para mejorar los servicios y por lo tanto su capacidad de atracción de inversiones, los situados en un entorno urbano que podrían ser integrables en un modelo de ciudad compacta y, finalmente, seguramente quedarían algunos polígonos marginales de difícil revalorización.

Según diversas fuentes, se estima que la mitad de la superficie construida en los polígonos industriales corresponde a edificios envejecidos, buena parte de los cuales no recogen inversiones en mantenimiento y se encuentran, por tanto, en proceso de abandono. Por otra parte, el gasto en infraestructuras de actividad económica ha caído notablemente en los últimos años, y en 2012 era de 150 millones de euros, un 39% menos que en 2010.

Pero, más allá de los elementos instrumentales o físicos, todo análisis y programa de trabajo para definir un proyecto sobre los PAEs, debería centrarse en los que son los tres objetivos últimos de su existencia:
- Atracción de nuevas empresas
- Mejora de la competitividad de las empresas existentes, sobre todo mediante la creación de servicios
- Generación de beneficios y externalidades positivas para el territorio

Teniendo presentes estos tres puntos es necesario también definir la función de los PAE como nuevos Espacios de Actividad Económica (EAE) alineados con el nuevo modelo de desarrollo económico orientado a impulsar las actividades basadas en el conocimiento.

Teniendo en cuenta lo dicho hasta aquí, parece claro que una nueva política de consolidación y potenciación de PAE deberá pasar por una necesaria selección de aquellos polígonos donde hay que concentrar las inversiones en nuevas infraestructuras y nuevos servicios. Medidas como las que regularmente promueven organismos públicos como la Diputación de Barcelona o del Área Metropolitana de Barcelona dirigidas en general a la mejora de polígonos industriales, son bien intencionadas pero no hacen frente al problema de fondo. Son aspirinas para un enfermo grave.

Los nuevos Espacios de Actividad Económica del siglo XXI serán resultado de dos procesos paralelos:
- la transformación de algunos PAEs actuales
- la promoción de nuevas formas de producción y actividad económica emergentes propios del ámbito urbano

De acuerdo con este doble proceso, y para hacer frente a los retos actuales de los PAE, proponemos tratarlos a dos niveles según la diferente tipología de polígonos:

Modelo A: Los polígonos industriales que pueden mejorar sensiblemente su nivel de servicios para convertirse en unos EAE del s.XXI. Que, como hemos dicho, no son todos y que por tanto hay que discriminar. Se trata de mejorar los servicios de los polígonos implicados, concretando tipologías de servicios a aplicar, tal como ha sido estudiado en diferentes jornadas de la Diputación de Barcelona (DIBA) dedicadas a los PAE y recogidas en documentos diversos. Destacaríamos entre otros, servicios de información y estudios, promoción internacional y atracción de nuevas inversiones, servicios básicos (desde suministros básicos hasta servicios de movilidad), servicios avanzados (telecomunicaciones, ahorro energético, consultoría avanzada, etc.), centros de servicios a las empresas, actividades de cooperación y de conexión con redes, programas de formación y atracción de talento, conexión con centros de investigación y centros tecnológicos, programas de promoción de la innovación, proyectos de lo que se denominan "smart environment" etc. En un territorio, los planes de mejora de servicios en los polígonos podrían formar parte de la estrategia RIS3, o proyecto PECT (Proyecto de Especialización y Competitividad Territorial), en el marco del Programa RIS3CAT aprobado por el Gobierno de la Generalitat el año 2014.

Modelo B: Reconversión del suelo industrial obsoleto en un modelo urbano que aporte valor añadido a su entorno en un nuevo modelo de EAE. En estos nuevos EAE es donde se desarrollan hoy en día las actividades de mayor valor añadido. Actividades basadas en modelos energéticos y de movilidad sostenibles y en un nuevo papel de la ciudad como espacio urbano donde la creatividad y la innovación encuentran su entorno natural capaz de atraer y fijar talento de aquí y de todo el mundo. Estas transformaciones urbanas necesitan de un modelo de planeamiento urbanista orientado a la transformación de suelo industrial en nuevas áreas urbanas basadas en la mezcla de usos y en la promoción de nuevas actividades económicas de alto valor añadido. Las iniciativas relativas a la gestión de acciones integradas para el desarrollo urbano sostenible con la financiación FEDER, podrían ser un instrumento para este tipo de transformaciones.

3.3

Parques industriales y desarrollo económico

CON OCASIÓN DEL TRABAJO QUE ESTAMOS REALIZANDO EL EQUIPO DE INNOPRO CON LA COLABORACIÓN DE ISMAEL ABEL DE ALIAS GROUP, PARA EL MINISTERIO DE LA PRODUCCIÓN DE PERÚ SOBRE EL MODELO DE PARQUES INDUSTRIALES (PI), VOY A DEDICAR ESTE APARTADO A HACER UNA REFLEXIÓN SOBRE LOS ESPACIOS DE ACTIVIDAD ECONÓMICA (EAE) DEL SIGLO XXI Y SU RELACIÓN CON LOS PARQUES O POLÍGONOS INDUSTRIALES PROPIOS DEL SIGLO XX.

EAE y momento histórico.

Las actividades económicas han estado siempre relacionadas con el modelo económico y social de cada momento histórico. En la edad media, las actividades económicas tenían lugar en las zonas rurales en una economía predominantemente agraria, en la que la familia troncal era el centro de las actividades económicas, agrarias y ganaderas, y la unidad básica de producción. A medida que se van desarrollando las ciudades medievales, los artesanos y comerciantes van ocupando su lugar en el espacio urbano, organizados en gremios que se suelen agrupar por calles o barrios. Son el precedente de los actuales clusters que necesitan un espacio de proximidad para su desarrollo. Es un modelo económico en el que coexisten en un mismo espacio, rural o urbano, actividades productivas y residenciales. En villas y ciudades, éstas coexisten con las actividades comerciales y el espacio público. Se produce pues una mezcla de usos y un ámbito de movilidad limitado al entorno próximo.

Con la primera revolución industrial del siglo XIX, se produce un cambio fundamental: la aparición de la fábrica como el núcleo central de la producción. Esta nueva especie que aparece en el ecosistema económico y social, tiene unos determinados requerimientos energéticos y de producción que transforman el anterior modelo descentralizado en otro centralizado. La energía que mueve las máquinas, y los traba-jadores que participan en el proceso productivo, deben concentrarse en espacios reducidos a los que llamamos fábricas. Estas fábricas se instalan alrededor de las ciudades antiguas y provocan un fuerte desarrollo del fenómeno urbano. Las nuevas ciudades industriales crecen a un ritmo nunca visto anteriormente, porque la población rural se desplaza a estas ciudades donde se concentra el trabajo asalariado y los servicios. Es el siglo XIX de los países industriales.

Con el cambio al siglo XX, aparecen nuevas tecnologías como la electricidad o el vehículo a motor que vuelven a transformar la economía en lo que se conoce como la segunda revolución industrial. A lo largo del siglo XX se consolida un nuevo espacio de actividad económica que llamamos Parque o Polígono Industrial. Aparece un nuevo modelo energético descentralizado, basado en la electricidad y en el petróleo, que determina un nuevo modelo de movilidad y como consecuen-cia un nuevo modelo de ciudad. Se trata de una ciudad dispersa en el territorio, con una distribución de usos especializados, y con una movilidad basada en el uso generalizado del automóvil. El paradigma es la ciudad americana, con sus extensas zonas residenciales y con las actividades industriales concentradas en territorios fuera del núcleo urbano.

Transición del siglo XX al XXI, un nuevo modelo

Hemos visto que los espacios de actividad económica eran resultado de cada momento histórico. Las preguntas que debemos hacernos en pleno siglo XXI dadas las nuevas condiciones de un nuevo modelo económico basado en el conocimiento y en el marco de la globalización, son las siguientes:

1. ¿Cómo se van a transformar los actuales Parques Industriales propios del siglo XX?
2. ¿Cuáles van a ser las características de los nuevos EAE del siglo XXI?

Y planeando sobre todo ello, ¿cuál debe ser el papel de los poderes públicos y de los agentes económicos ante este cambio de paradigma?

La transformación de los actuales parques industriales

En los países de industrialización reciente como la mayoría de países latinoamericanos, es muy probable que coexista la creación de nuevos parques industriales con la transformación de los antiguos. En cualquier caso, creo que los nuevos parques deberían seguir ya un modelo del siglo XXI saltándose la etapa histórica del siglo XX. Los polígonos industriales, tanto si son nuevos como adaptados, deben mejorar sensiblemente su nivel de servicios para transformarse en nuevos EAE del siglo XXI.

Los servicios que actualmente se van implantando en algunos polígonos industriales son:

1. Censos de empresas, para un conocimiento real de las características de las empresas de un polígono, sus necesidades y potencial etc.
2. Asociacionismo y gestión de servicios comunes
3. Promoción de nuevas actividades de interés común
4. Estudios estratégicos, de interés general como mercados de exportación o marco regulador
5. Servicios básicos como agua, gas, electricidad, transporte, etc
6. Servicios avanzados como consultoría estratégica, sistemas de calidad o innovación.

7. Cooperación y redes de compras, exportación, servicios comunes, etc

8. Centros de servicios comunes del parque como seguridad, mantenimiento, jardinería etc.

9. Hay otros servicios que no son tan comunes en los procesos de adaptación actualmente en marcha, pero que deberían incorporarse progresivamente. Se propone incorporar nuevos elementos de alto valor añadido, en particular:

10. I+D, tecnología e innovación, entre otros: proyectos colaborativos de I+D, entre empresas y centros especializados, plataformas tecnológicas, plantas piloto y capacidades de pre-industrialización, desarrollo y validación inicial de producto, consultoría técnica y de innovación, proyectos de sostenibilidad y eficiencia, Apoyo al posicionamiento y participación en iniciativas europeas, etc.

11. Colaboración e iniciativa empresarial: colaboración logística y en la cadena de valor, internacionalización, desarrollo de negocio y marketing conjunto, apoyo a la generación e inversión en spin-offs , start-ups y corporate entrepreneurship. proyectos de atracción de inversión.

12. Formación y talento: formación y desarrollo profesional de los trabajadores y directivos, captación y retención de talento, movilidad de personal/estudiantes entre empresa i centros de conocimiento, adquisición de habilidades para la innovación y la emprendeduría.

13. Smart environment (adaptación del concepto de *smart cities* a entornos no estrictamente urbanos): movilidad, calidad y servicios medioambientales (agua, saneamiento, residuos, riego, etc.), calidad, servicios y equipamientos urbanos, energía, comunicaciones, etc.

Un nuevo modelo de ciudad y de EAE

Junto con el nuevo polígono industrial con un alto nivel de servicios como el caracterizado en el apartado anterior, se va a desarrollar un nuevo modelo de EAE, seguramente resultado de la reconversión de un suelo industrial obsoleto en un modelo urbano que aporte valor añadido a su entorno.

En el contexto global del siglo XXI, ciudades y regiones están condenadas a competir a un nivel desconocido anteriormente. Los países desarrollados, o que pretenden seguir la vía del desarrollo, sólo tienen como única forma sostenible de competir, la ciencia, la tecnología, la innovación, el conocimiento y la industria. Mediante estos medios deben ser capaces de ofrecer nuevos productos o servicios de calidad al mercado global.

Los nuevos Ecosistemas Innovadores son los espacios urbanos que agrupan instituciones del conocimiento, compañías líderes en innovación, personas de talento, servicios avanzados etc. Estos ecosistemas innovadores urbanos no aparecen de la nada y no es posible crearlos rápidamente mediante la simple acción pública y la inversión. Sin embargo, existen unas condiciones mínimas de presencia de determinados actores privados y públicos, a partir de las cuales, se pueden promover políticas dirigidas a la creación y consolidación de estos ecosistemas innovadores urbanos. En general, el sector público (administración local, regional, nacional o instituciones de investigación y universidades) es el actor central en la promoción de los ecosistemas innovadores. A partir de este impulso inicial, su desarrollo y consolidación dependerán de la participación activa del sector privado y de las acciones de partenariado público-privado.

La ciudad moderna, centro de la economía global, debe ser diversa y dar cabida a todo tipo de actividades económicas basadas en el conocimiento como la industria de bajo impacto o los servicios tecnológicos. El modelo urbano propio de estos ecosistemas es compacto, denso, sostenible y diverso (mezcla de residencial, espacio público, comercial, de actividad productiva y de servicios), una ciudad que se enfrente a la competitividad y a la diferenciación, que ofrece oportunidades para el talento y que siga siendo solvente y resistente en diversas circunstancias.

La creación y el desarrollo de ecosistemas innovadores urbanos es compleja, larga y no exenta de dificultades. Exige coherencia y armonía entre muy diversas actividades, relacionadas entre sí: la planificación urbana, la inversión inmobiliaria y la comercialización, la ciencia y la I+D, los programas públicos y las estrategias tecnológicas privadas, la tecnología y la innovación, la emprendeduria y los nuevos modelos de negocio, el atractivo de compañías líderes, la gestión y dinamización del ecosistema, el liderazgo político y económico, etc. Es un sistema complejo, por esto lo llamamos ecosistema innovador.

En barrios de ciudades que pueden ser renovados y revitalizados, o en nuevas áreas urbanas disponibles para un desarrollo equilibrado, las ciudades tienen la oportunidad de crear áreas urbanas que concentren talento científico y empresarial, en un entorno urbano atractivo y vital. Un diálogo constante entre las actividades residenciales, culturales, económicas y de I+D, es la base del modelo EAE. Es crucial un diálogo fructífero y coherente entre los aspectos físicos (urbanismo, infraestructuras, arquitectura), el contenido (empresas, centros I+D, universidades, incubadoras, etc.) y las redes de relaciones durante las fases de diseño, construcción y permanencia del proyecto.

Desde finales del siglo XX se han venido proponiendo distintas teorías o modelos de ciudad propicios al desarrollo de la nueva economía basada en el conocimiento. Hemos visto desde la teoría de clústers de Michael Porter, a la triple o cuádruple hélice de Erkowitz y otros, o la teoría de la clase creativa o de la triple T de Richard Florida, entre otras. Todas ellas ponen el acento en la importancia del fenómeno urbano para el desarrollo económico y de un nuevo modelo de ciudad adecuado al desarrollo del conocimiento y a su transformación en valor económico. De todo ello resulta la nueva ciudad EAE del siglo XXI, ciudad compacta con mezcla de usos, la ciudad del conocimiento, digital, sostenible, en definitiva, la nueva ciudad donde se va desarrollar nuestro futuro.

Papel del sector público

El papel del sector público va a ser fundamental en este doble proceso que hemos dibujado en las líneas anteriores. Por un lado promoviendo los nuevos espacios industriales, sean por transformación de los polígonos industriales del siglo XX, sean como nuevos polígonos o parques industriales para ubicar la industria competitiva que necesita servicios avanzados.

Por otro ayudando, a nivel normativo y de políticas públicas, a desarrollar nuevos EAE en el ámbito urbano, como ecosistemas innovadores como los caracterizados en las líneas anteriores. El distrito 22@ Barcelona, junto a otros espacios urbanos de las ciudades más dinámicas del mundo, es uno de estos casos y su modelo está actualmente en desarrollo en algunos países. Pienso que el caso de Barcelona puede ser especialmente interesante para ciudades de Latinoamérica que actualmente se están planteando procesos de transformación urbana similares. Recomiendo la lectura del libro *Gestión de Proyectos Complejos* (Editorial Pirámide, 2013) donde se presenta el desarrollo y gestión de dicho proyecto.

3.4

Polígonos industrales, reflexiones en Construmat 2015

CON OCASIÓN DE LA CELEBRACIÓN DE LA FERIA CONSTRUMAT 2015, EL DÍA 20 DE MAYO SE CELEBRÓ UNA SESIÓN DE DEBATE SOBRE LOS POLÍGONOS INDUSTRIALES. EN LAS LÍNEAS QUE SIGUEN RESUMO MI INTERVENCIÓN.

Introducción

Empecé con una introducción que resume los apartados anteriores de este capitulo, dedicados a los polígonos industriales, pero que era obligada para los que no habían oído hablar de la realidad actual de los polígonos.

- El suelo industrial que hoy existe en Cataluña es uno de los activos más importantes, tanto desde el punto de vista urbanístico e inmobiliario, como desde una perspectiva patrimonial y de generación de riqueza.
- Este importante patrimonio es en gran parte resultado de la Segunda Revolución Industrial que tuvo lugar durante el siglo XX y que se caracterizó por 3 factores clave: un modelo productivo basado en la producción en serie, un modelo energético basado en el petróleo y un modelo de movilidad basado en el uso del automóvil.
- El sistema productivo de base industrial está concentrado sobre los grandes ejes de comunicación en el que se localiza la mayor parte del sistema urbano catalán. Destacan los situados a lo largo del corredor mediterráneo, concentración que se acentúa sobre todo en las áreas metropolitanas de Barcelona y Tarragona, y tiende a desaparecer a medida que nos aproximamos a poniente o al Pirineo, con la excepción del área de influencia de Lleida que comunica con el centro de la península.

Obsolescencia:

1. Aproximadamente un 58% de los inmuebles de usos industriales -representan un 48% de la superficie- es anterior a 1978, esto quiere decir que estamos hablando de 35 años o más. El 10% de los inmuebles y el 15% de superficies industriales son posteriores a 2002.
2. No parece que haya relación entre la dinámica y el ritmo de la producción de techo por actividad, y el empleo industrial.
3. La burbuja de suelo industrial que se produjo entre 2001 y 2008 ha supuesto el hecho de que actualmente haya un notable porcentaje de desempleo y un gran vaciado de los inmuebles más antiguos.
4. Conclusiones:
- El modelo actual de los Polígonos industriales (PAE) es herencia del modelo industrial del siglo XX.
- En un nuevo momento histórico, en pleno siglo XXI, en el que los modelos productivo, energético y de movilidad, se están transformando de manera significativa, hace falta una reflexión en profundidad sobre el nuevo papel a jugar por los PAE.
- Se plantea la necesidad de transformar los actuales PAE hacia

un nuevo modelo de Espacios de Actividad Económica (EAE) de naturaleza más diversa e integrada.

• Para hacer frente a los retos de los PAE propongo tratar a dos niveles según la situación de cada polígono:

Modelo A o Nuevos Espacios de Actividad Económica Industrial (NEAEI):

Los polígonos industriales que pueden mejorar sensiblemente su nivel de servicios para convertirse en unos EAE del siglo XXI.

Nos referimos a actuaciones habituales para la mejora de los PAEs (Censos, Asociacionismo y gestión, Promoción, Estudios estratégicos, Servicios básicos, Cooperación y redes, centros de servicios, etc), Servicios de Investigación, tecnología e innovación (Proyectos colaborativos de I+D, entre empresas y centros de conocimiento, acceso a Plataformas tecnológicas, Líneas piloto y capacidades avanzadas de pre-industrialización, Estrategia y nuevos modelos de negocio para PYMES, Innovación y proyectos de sostenibilidad y eficiencia, Apoyo al posicionamiento ya la participación en iniciativas europeas, etc), Formación y talento y Smart environment (adaptación del concepto smart cities en entornos no estrictamente urbanos) entre otros.

Modelo B o Espacios Urbanos de Actividad Económica (EUAE):

Reconversión del suelo industrial obsoleto en un modelo urbano que aporte valor añadido a su entorno. La reconversión que propongo seguiría el modelo del Distrito 22@ de Barcelona. Se trata de transformar un suelo industrial urbano situado en la trama urbana en un nuevo modelo de ciudad basado en la mezcla de usos, la actividad económica avanzada y, en definitiva, en un nuevo barrio de la ciudad, la nueva ciudad sostenible y del conocimiento. Lo desarrollaremos más adelante.

Análisis comparado con Gran Bretaña: Las enterprise zonas (EZ), una visión crítica. Una de las experiencias de EAE más interesantes a contemplar hoy en Europa es la de las Zonas de Empresas de Gran Bretaña. La iniciativa comienza por impulso del gobierno británico en la década de 1980, con 38 áreas designadas entre 1981 y 1996.

En 1995 se evalúan los resultados que se pueden resumir así:

- Se crearon unos 126.000 puestos de trabajo.
- El coste marginal de un nuevo puesto de trabajo fue de unas £17.000 (£26.000 a precios corrientes).
- Se invirtieron más £2 billones de capital privado en propiedades, con un ratio de apalancamiento público-privado de aproximadamente de 1 a 2,3.
- En abril del año 2012, y tras una nueva evaluación de las EZ llevada a cabo en 2011, el gobierno británico situó las EZ en el centro de su nuevo plan económico a largo plazo; la decisión formaba parte de una iniciativa dirigida a apoyar el crecimiento de las empresas.
- Desde el inicio del nuevo plan en abril de 2012, se han atraído a las EZ más de 430 empresas. De todo ello resultaron unas inversiones del sector privado por £2 billones, la creación de servicios de alto nivel a las empresas de las EZ, la construcción de conexiones de transporte, y la creación de más de 12.500 puestos de trabajo.
- Actualmente el programa se encuentra en pleno desarrollo y muchas zonas están preparadas para su desarrollo en los próximos meses y años.

ALGUNAS CONCLUSIONES DEL CASO BRITÁNICO PARA REFLEXIONAR SOBRE NUESTROS POLÍGONOS INDUSTRIALES:

- Monitoring y evaluación continuada: hay que gestionar el sistema, incorporando objetivos e indicadores de resultados y haciendo evaluaciones periódicas
- Papel del gobierno catalán: es necesario que alguien tenga una visión global más allá de los intereses a corto plazo del Incasol.
- Factores determinantes del éxito: hay que aprender de las evaluaciones periódicas y hay que hacer las correcciones necesarias para mejorar los resultados.
- Tener en cuenta la ventaja comparativa de las zonas e invertir en las que estén mejor situadas, acabando con las visiones localistas.
- Tener en cuenta la dimensión necesaria de los polígonos para poder hacer una oferta consistente, con las infraestructuras necesarias, y que permita competir a nivel internacional.

- Hay que tener en cuenta en cada caso el tipo de propiedad de la tierra, pública o privada.
- Los polígonos deben ser el resultado de la estrategia de desarrollo económico de territorios amplios, como mínimo comarcales.
- Acuerdos de promoción y marketing en manos de una agencia, o en manos de más de un organismo, y que éstos estén involucrados en la gestión de la Zona
- Tener en cuenta el papel de las zonas urbanas
- Tener también en cuenta el papel de los servicios avanzados
- Incorporar claramente un sistema de incentivos a las empresas

3.5

El Modelo 22@ Barcelona

EL PASADO DÍA 28 DE MAYO DE 2015, SE CELEBRÓ EN EL EDIFICIO AGBAR DE BARCELONA, PUERTA Y SÍMBOLO DEL DISTRITO 22@ BARCELONA, EL BREAKFAST NÚMERO 100 QUE ORGANIZA LA ASOCIACIÓN DE LAS EMPRESAS DEL DISTRITO, 22@NETWORK.

Con ocasión de esta efeméride, el presidente de dicha asociación y alto directivo de Telefónica Ramon Salabert, me invitó a participar reflexionando sobre el tema del modelo 22@. En este apartado intentaré resumir mi intervención en dicho acto.

Empezaré recordando la historia del distrito

Todo empieza en el año 1.998 cuando el Ayuntamiento de Barcelona inicia un proceso de planificación urbanística del suelo industrial del barrio de Poblenou. Por aquella época yo dirigía la fundación

ICT, que pocos años antes se había ubicado en una antigua fábrica de la calle Ciutat de Granada esquina Tànger en el mismo barrio. En dicho edificio, ICT desarrollaba sus actividades de formación y de desarrollo tecnológico en el ámbito de las TIC. La Fundación ICT promovía también actividades de dinamización y divulgación cultural que incluían, entre otras, la edición de una revista —*Quaderns de Tecnologia*—, la publicación de libros, o la realización de actos de reflexión sobre tecnología, economía y sociedad. Así fue como nació el grupo *Cercle Digital* que se reunía en la cafetería del edificio una vez al mes, a las 8.30 de la mañana, para desayunar y debatir en torno a temas de interés general relacionados con la tecnología y la sociedad.

Uno de los temas debatidos en esos desayunos del *Cercle Digital* fue el plan de urbanismo del ayuntamiento que, a nuestro entender, no respetaba el carácter productivo que había tenido el barrio desde la primera revolución industrial del siglo XIX. Algunos miembros del *Cercle Digital* participamos activamente en un debate ciudadano, tanto a nivel urbanístico (en este campo fueron decisivas las aportaciones de notables profesionales del urbanismo como Carme Ballbé y Ramon García Bragado) como de modelo de ciudad desde el punto de vista económico y tecnológico.

A raíz de este debate, se hicieron estudios (Paco Solé Parellada de la UPC lideró un estudio sobre actividades económicas del distrito) y se analizaron 20 ciudades del mundo escogidas como modelos de la nueva ciudad del conocimiento y la innovación. Posteriormente, Antoni Oliva y yo mismo, fuimos los autores del libro Ciudad digital publicado por el Pacte Industrial de la región metropolitana de Barcelona. Llevamos a cabo numerosas reuniones, algunas con los responsables de urbanismo de la época que asistían sorprendidos, y con una cierta desgana, a las propuestas e ideas de unos profesionales que pretendían oponerse a su "magnífico" plan de urbanismo. Recuerdo el día en que el gerente de urbanismo de la ciudad nos espetó: "¿y qué empresas van a querer venir a este barrio?".

Al final de la movida, presentamos dos alegaciones al plan en fase de consulta pública y, en un momento determinado, el alcalde Clos decidió frenarlo y dejarlo todo para después de las elecciones municipales del 1999. Como comprendimos después, Joan Clos había decidido apostar por la nueva ciudad compacta, del conocimiento, sostenible y motor económico, que hoy es el distrito 22@ de Barcelona. Carme Ballbé, Ramon García Bragado y yo mismo, celebramos el nacimiento del 22@ con una comida en el Casino de la Alianza en plena Rambla del Poblenou.

La crónica de esta historia está recogida en un libro escrito por Antoni Oliva *'El districte d'activitats 22@bcn'* de la colección *Model Barcelona, Quaderns de gestió,* Aula Barcelona 2003.

La historia posterior es conocida: Joan Clos, a la cabeza de la candidatura del PSC, gana las elecciones y nombra a Ramon García Bragado, uno de los firmantes de las alegaciones al plan, nuevo gerente de urbanismo. Ramon y su equipo técnico preparan la reforma del Plan General Metropolitano para el suelo industrial (clave 22a) y definen una nueva clave 22@ para los nuevos usos del suelo industrial. En paralelo con este proceso, completamos el referido estudio de 20 ciudades del mundo que se aportó como anexo al nuevo plan 22@ y que fue publicado como el libro Ciudad digital citado anteriormente.

Sin entrar en las claves urbanísticas del nuevo modelo, sí quiero explicitar cómo la definición de los nuevos usos, el establecimiento de cargas en equilibrio con las plusvalías correspondientes, o la fijación de los estándares de edificabilidad, entre otros aspectos, fueron un ejemplo de buen hacer y de capacidad de visión del nuevo distrito. Sobretodo porque ello permitió que se llevara a cabo una operación basada en la colaboración público-privada. Eso es, una colaboración basada en el equilibrio de la necesaria tensión entre un agente que preserva el bien público, el ayuntamiento, y un agente privado, el sector privado, que en el caso que nos ocupa, y gracias a las nuevas condiciones del suelo, ahora sí tenía incentivos para invertir y transformar ese antiguo distrito industrial que en esos momentos se encontraba en rápido proceso de degradación. El resultado, como se puede observar hoy de forma clara, dio lugar a un gran beneficio económico y social para la ciudad.

A continuación reflexionaré sobre el modelo y los factores clave de su éxito.

Con el proyecto 22@Barcelona no sólo se logró impulsar un proyecto decisivo para la ciudad de Barcelona, sino que al mismo tiempo se definió un modelo de transformación urbana y de creación de un distrito urbano de innovación que hoy en día se sigue con atención y con admiración en todo el mundo. Doy fe de ello puesto que frecuentemente se ponen en contacto conmigo estudiantes e investigadores de todo el mundo para plantear cuestiones alrededor del modelo 22@ y de cómo éste se aplicó en Barcelona.

La mejor manera de explicar el modelo de Espacio Urbano Innovador o Distrito Innovador o Ecosistema Innovador, pues estos tres son indistintamente los nombres con los que designamos a este tipo de iniciativas, es mediante el modelo siguiente:

En este modelo se distinguen cuatro subsistemas:

1. Desarrollo urbano e inmobiliario: El proceso de planificación de la transformación física del espacio urbano, con la definición de usos del suelo, cargas y compensaciones a la propiedad, asuntos legales, construcción, infraestructuras y movilidad, así como los criterios para la gestión urbanística y el marketing inmobiliario.

2. Actividades e instituciones empresariales y de C&T: La creación, atracción y crecimiento de empresas, instituciones y centros especializados (universidades, centros tecnológicos, instituciones de I+D, etc.) basados en la estructuración y dinamización de clústeres económicos y de conocimiento.

3. Ecosistema Innovador: es el campo de acción del Distrito Innovador, más allá de su dimensión física. Pretende la implicación y la revitalización de los activos industriales y de conocimiento existentes, y la creación de actividades y programas encaminados a promover la colaboración, la innovación y las iniciativas conjuntas, dentro o fuera del Distrito. Las estrategias de clúster se elaboran con el fin de fomentar la creación y la transferencia de conocimientos entre las instituciones económicas y de conocimiento, y también con la idea de generar proyectos de mejora de la productividad y de la internacionalización. Un buen programa de iniciativa empresarial y la presencia de incubadoras para la ubicación de start-ups son complementos para el ecosistema innovador. Finalmente, una fuerte interacción con los

ciudadanos , la sociedad civil y la cultura local es crucial, más allá de los ámbitos puramente económicos o tecnológicos.

4. Gobernanza y Marketing: Comporta la definición del instrumento de gobierno y de la gobernanza de las nuevas instituciones (forma, composición, competencias, funciones, etc.) optimizada para reunir a los diversos agentes (empresas, gobierno, universidades, otros centros de expertos, organizaciones interme-dias, asociaciones, organizaciones civiles, etc.) y para garantizar su desarrollo estratégico, político y económico, y su sostenibilidad. En esta fase también se definen los elementos básicos del plan de marketing y estrategias de comunicación de la nueva área con el fin de acelerar la llegada de la actividad económica y la comercialización de inmuebles.

Para una mejor comprensión del modelo y de cómo se puede gestionar un proyecto complejo como éste, os remito a la lectura del libro Gestión de Proyectos Complejos, escrito en colaboración con Sergi Guillot y editado por Pirámide en 2013. En este libro se propone un modelo de gestión de proyectos complejos y se explica como ejemplo el caso del 22@Barcelona.

3.6

El papel de las ciudades en el siglo XXI

LAS CIUDADES JUEGAN UN PAPEL FUNDAMENTAL EN LA GLOBALIZACIÓN, EN REALIDAD SON SUS AGENTES PRINCIPALES Y NO LOS ESTADOS O PAÍSES. ES CIERTO QUE ESTOS MARCAN LAS POLÍTICAS ECONÓMICAS Y EL MARCO JURÍDICO QUE DEBEN RESPETAR LOS AGENTES ECONÓMICOS.

Pero son las empresas, las que actúan en el marco global; estructurando su sistema productivo mediante la organización de funciones, propias o ajenas, en distintas ciudades del mundo, aquellas que disponen de una condiciones locales más apropiadas para cada función.

Esta tendencia viene reforzada por la imparable concentración de la población mundial en áreas urbanas. Por primera vez en la historia de la humanidad, más de la mitad de la población mundial reside actualmente en regiones urbanas, y está previsto que crezca hasta el 60% en el año 2030. La evolución de la concentración de la población mundial en ciudades, desde el año 1800, iniciada la revolución industrial, ha sido la siguiente:

1800	1900	1950	2007
3%	14%	30%	50%

Fuente: Peter K Kresl.

Entre 1800, cuando la inmensa mayoría de la población mundial (97%) vivía en el campo, y 1950 se observa un fenómeno acelerado de concentración en las regiones urbanas producto de la revolución industrial y la invención del modelo de producción basado en la fábrica. Sin embargo, vemos que durante la segunda mitad del siglo XX el proceso se acelera y ello ya no resulta tan obvio.

Con la revolución del conocimiento basado en la difusión de la TIC parece que ya no sería necesaria la concentración en las ciudades. Las nuevas tecnologías de hecho permiten la comunicación de todos con todos sin que importe el tiempo y el espacio. De hecho, muchos de los "gurús" que nos obsequian con sus profecías futuristas, no pararon de decirnos durante la última década del siglo XX que la ciudad era un producto industrial caduco y que en el futuro todo el mundo viviría en lugares tranquilos, alejados de las grandes ciudades, y allí se conectaría con el ordenador.

Pero los hechos son tozudos y se acaban imponiendo. Como afirmaba un capitán que tuve en la "mili": "el proyectil caerá por la ley de la gravedad o por su propio peso". Efectivamente la gente ha decidido vivir en las ciudades o en sus áreas metropolitanas. Pero ¿porqué?. ¿Cuál es la causa de esta nueva paradoja tecnológica?. Sin pretender decir la última palabra, sí que podemos avanzar una propuesta explicativa. La explicación estaría en la diferencia entre información y conocimiento. Las TIC nos ayudan a intercambiar información sin limitaciones espacio-temporales, pero para el conocimiento es necesaria la interacción humana cara a cara y la experiencia nos dice que la tecnología no sustituye esta interacción propia de la proximidad.

Hay otras teorías relevantes sobre este tema, como la de Richard Florida sobre la atracción de talento en las ciudades que se ha presentado en el capítulo anterior. Ver Richard Florida, *La clase creativa*, 2010.

Sea como sea, parece clara la importancia de las ciudades como polos de competitividad en el mundo. De hecho, actualmente los países con un mayor Índice de Desarrollo Humano (HDI) concentran más del 70% de su población en áreas urbanas. El caso de Europa y Norteamérica supera estas cifras con un 75% y un 77% respectivamente y se estima que lleguen a un 83% y un 84% en 2030.

Las ciudades son hoy en día los agentes activos de la globalización. La ciudad es el espacio del comercio de los negocios y de la toma de decisiones. En las ciudades se produce el intercambio de ideas, se concentra el talento y se generan focos de innovación y de creatividad. Las ciudades son las puertas del intercambio, los nodos de la red global. La globalización es un fenómeno económico, tecnológico, social y cultural basado en la existencia de una red global de ciudades interdependientes.

En este marco global, las ciudades han seguido siendo áreas de actividad económica como la ciudad industrial tradicional, pero también han evolucionado algunas de ellas, las más importantes, hacia centros o nodos de la nueva economía basada en el conocimiento. Actualmente las ciudades más importantes del mundo están compitiendo para atraer nuevos negocios, centros de I+D y sedes de empresas para configurar nuevos clúster urbanos a escala mundial.

Y en esta batalla competitiva, resulta que los activos más importantes con que cuentan estas ciudades no son ejércitos o tanques como antiguamente. Ahora la batalla de la competitividad global se gana mediante el talento de las personas. O, como afirma Richard Florida, mediante entornos urbanos que reúnan las tres T: Tecnología , Talento y Tolerancia (sinónimo de cultura rica y abierta y de calidad de vida).

Muchas de las grandes metrópolis del mundo son actualmente grandes actores de la economía global. Mediante la integración de sus propias capacidades y las inversiones que son capaces de atraer, hoy muchas de ellas serian líderes mundiales en términos de generación de riqueza. Por ejemplo si consideráramos las metrópolis de los EE.UU de América como economías "nacionales", 47 de las 100 primeras y 85 de las 150 primeras, estarían situadas en metrópolis americanas. En Europa, ciudades como Londres, París, Frankfurt , Munich o Milán también estarían bien situadas . En España , Barcelona y Madrid podrían formar parte de esta *Champions League*.

En definitiva, podemos afirmar que hoy las ciudades son elementos clave de la globalización y de la economía basada en el conocimiento. Y en las ciudades el trabajador cualificado, el talento, determina la capacidad de generar valor y actividad económica en el conjunto del proceso productivo. El talento y los puestos de trabajo de la nueva economía se concentran en las grandes ciudades.

Veamos en este contexto, algunos modelos o tipos de nuevas ciudades del siglo XXI, que es la ciudad compacta, sostenible y del conocimiento.
Para que un núcleo urbano pueda devenir en nodo de la red global de forma estable y continuada, debería reunir algunas condiciones estructurales propias de la nueva sociedad del conocimiento. Entre otras podemos destacar las siguientes.

Ciudad compacta, en contraposición a la ciudad difusa propia de la sociedad surgida de la segunda revolución industrial. Ésta especializa y distribuye el territorio según su actividad y función. Las actividades productivas industriales son expulsadas de la ciudad durante el siglo XX. No importa la distancia, disponemos de un medio de transporte, el automóvil, que resuelve este problema con eficacia, aunque no con eficiencia. En cambio la nueva ciudad necesita ser compacta y densa, necesita que las personas se encuentren para intercambiar el conocimiento. Necesita de espacios de relación y convivencia en el propio tejido urbano, necesita de un modelo de movilidad distinto. Precisa de una mezcla de usos propia de la ciudad mediterránea tradicional.

Ciudad Sostenible , en contraposición a la ciudad industrial tradicional no sostenible. La ciudad industrial no es sostenible y por tanto no tiene futuro. El modelo energético que comporta es inasumible, los tiempos de desplazamiento son irracionales, la contaminación inaceptable, la depredación del territorio salvaje. Un ejemplo: en 25 años el área metropolitana de Barcelona urbanizó tanto suelo como en los 2000 años anteriores. Ver Salvador Rueda, *Ecologia Urbana*, 1995.

Ciudad del conocimiento. En contraposición a la ciudad sede de actividades poco cualificadas, es en el interior de las ciudades donde podemos hacer posible la interrelación entre actividades generadoras de conocimiento y nuevas actividades productivas, siguiendo modelos urbanos como el de la triple hélice. La creatividad, el talento, la innovación requieren de un entorno urbano rico en instituciones y centros culturales que favorezcan la relación entre personas y entre organizaciones de la nueva economía.

Otras características de la ciudad nodo de la red global serian la ciudad tolerante, con una elevada calidad de vida, atractiva para el talento internacional, integradora de la creatividad cultural, la ciudad políglota, la ciudad con un espacio público que favorezca el intercambio, la ciudad compleja y plural, la ciudad amable y segura, la ciudad abierta, la ciudad bien comunicada con el mundo. La ciudad con personalidad basada en su historia y en su cultura, una ciudad con relato compartido. En definitiva, la ciudad plenamente adaptada a las condiciones de la economía global basada en el conocimiento. La pregunta es:

¿Cómo se puede favorecer el desarrollo de este modelo de ciudad a partir de la ciudad industrial tradicional?: como en casi todo, no existe una respuesta simple, pero propongo intentar avanzar en la reflexión en apartados de este capitulo. Terminaremos con una pregunta que siempre sale en los debates sobre este tema: ¿acaso las zonas rurales más o menos alejadas de los núcleos urbanos están condenadas a vivir solamente del turismo y los recursos naturales?, ¿estas zonas no pueden jugar un papel en la sociedad del conocimiento?.

El papel de las zonas alejadas de las grandes áreas metropolitanas

En Inglaterra, fuera de Londres, ¿todo será un desierto?, ¿acaso no juegan un papel Oxford y Cambridge, o Manchester o Bristol y tantas otras ciudades medias en el sistema de ciudades del conocimiento de la Gran Bretaña?. Lo mismo podríamos decir de muchas ciudades medias americanas o de otros países del mundo.

En el caso de Barcelona y Cataluña parece oportuna esta reflexión. El ecosistema innovador se conforma solamente en el Area Metropolitana de 4 millones y medio de habitantes, o ciudades medias de la tercera y de la cuarta corona como el eje orbital Vilanova-Vilafranca- Igualada- Manresa-Vic- Girona-Olot-Figueres.Y mas allá hacia Tarragona-Reus, Lleida y el eje de la A2. ¿La distancia entre ciudades, se mide en kilómetros o en tiempo?. Unas buenas infraestructuras organizan el espacio de forma distinta a la manera tradicional. El AVE a Girona, Reus-Tarragona y Lleida ha acercado estas áreas urbanas configurando un sistema urbano policéntrico que puede jugar un papel de nodo de conexión con el sistema global de ciudades. Por otra parte las infraestructuras de telecomunicación también reordenan el territorio y lo conectan con las redes globales.

Parece que la nueva geografía del conocimiento a escala global, requerirá de un nodo fuerte conectado con los otros nodos del sistema global y de un sistema de ciudades y núcleos urbanos a escala local que se beneficien de su calidad de vida (la Tolerance de Florida) y de su proximidad al nodo global. En el caso de Cataluña, Barcelona (AMB) como nodo global y el sistema de ciudades catalanas como red conectada con el mundo mediante este nodo.

3.7

Las ciudades creativas

HEMOS VISTO QUE LAS CIUDADES JUEGAN UN
PAPEL PROTAGONISTA EN LA GLOBALIZACIÓN,
QUE LAS CIUDADES COMPITEN A NIVEL GLOBAL
Y QUE UN FACTOR FUNDAMENTAL DE ESTA CAPACIDAD
COMPETITIVA ES LA CAPACIDAD DE ATRAER Y FIJAR
TALENTO DE TODO EL MUNDO.

También nos hemos referido a la emergencia de nuevos modelos de ciudad que hemos denominado ciudad compacta, sostenible y del conocimiento por contraposición a la ciudad industrial tradicional que es difusa, no sostenible y no competitiva en la nueva economía.

En el presente artículo hablaremos de cómo se articulan las ciudades creativas acudiendo a teorías de la complejidad y de los comportamientos individuales en sistemas complejos como son las ciudades. Veremos que el todo puede ser más que la suma de las partes. Que el comportamiento de las personas en sistemas complejos como las ciudades actuales, responde a pautas individuales pero que el conjunto crea una coreografía superior. De la misma forma a como observando una manada de pájaros cada uno vuela a su aire pero el conjunto representa un todo armónico que se mueve mediante unas pautas propias del conjunto.

Sistemas complejos o el todo superior a la suma de las partes

Diversos autores como el divulgador de la ciencia Philip Ball han estudiado algunas pautas o leyes de la naturaleza y las han comparado con el comportamiento humano. Desde las colonias bacterianas, el caso del moho del limo o el movimiento de manadas de pájaros, parecen responder a pautas o modelos geométricos de una variedad y riqueza propias del diseño de un artista. A partir de estos ejemplos de la naturaleza nos preguntamos si las personas no seguimos a veces pautas de conducta similares, pautas complejas sin que sean dirigidas por ningún plan superior.

Ninguno de los pájaros de la manada tiene un plan preconcebido de la trayectoria que van a seguir, pero sin embargo el movimiento del conjunto parece seguir un plan dirigido por alguien con una visión del conjunto. Cada pájaro actúa a partir de su "percepción local del mundo", responde rápidamente a lo que hacen sus vecinos de vuelo y el conjunto tiene sentido como tal. ¿Ocurre lo mismo en las ciudades como conjunto humano que sigue unas pautas globales a partir de la percepción local de cada ciudadano?. ¿Cuál es la lógica de este sistema complejo que llamamos ciudad?. Parece que una de sus propiedades es que el todo es superior a la suma de las partes. El conjunto ciudad representa algo superior a la suma de sus ciudadanos.

La ciudad es básicamente un espacio de interacción y el conjunto de interacciones generan influencias externas que modifican la conducta. De la misma forma que un ave modifica su vuelo por interacción con su entorno próximo, así un ciudadano se ve influido por el entorno urbano en donde interacciona con otras personas. La forma y la organización del espacio urbano determinarán las interacciones y condicionará el comportamiento.

Las pautas de conducta de cada persona serán similares en uno u otro espacio, sin embargo, como en las manadas de pájaros, emergerán nuevos comportamientos colectivos resultado de la interacción entre los individuos. A su vez, estos nuevos comportamientos colectivos podrán generar una explosión de creatividad de todo el conjunto.

El lenguaje del espacio, espacio y ecosistemas innovadores

Nos preguntamos sobre la posibilidad de proyectar los espacios urbanos y arquitectónicos, de modo que actúen como entornos propicios a la interacción humana facilitando la creatividad del conjunto barrio o ciudad. ¿Los actuales planeamientos urbanos y el diseño de espacios responde a este requerimiento o más bien seguimos pautas propias de la sociedad industrial anterior?.

El caso del diseño de la *Tate Gallery* de Londres y los estudios de Michael Batty del University College, demuestran que la trayectoria que siguen las personas en un museo depende de la estructura y disposición de las salas y no del contenido de las mismas o del tipo de arte que prefieren. El espacio determina su uso y no el contenido del mismo. Existe pues una lógica en la forma en que las personas nos relacionamos con el espacio y circulamos por él. Si la capacidad creativa y la innovación de un colectivo dependen de las interacciones del mismo, la morfología de estos espacios, a nivel urbanístico y arquitectónico será fundamental para determinar el potencial innovador de una ciudad y de un conjunto humano. Se tratará de averiguar las reglas, el lenguaje de estos espacios para fomentar la creatividad y la innovación.

Las actuales comunidades urbanas de ciudades europeas fueron diseñadas en su mayoría en la época industrial, donde las jerarquías sociales y el sistema productivo imperante de carácter jerárquico eran piramidales y unidireccionales de arriba abajo, dificultando las actividades colectivas y fomentando la pasividad de las personas ante la autoridad. En general, los actuales bloques de viviendas limitan la frecuencia de los encuentros y por tanto la interacción de las personas.

En cambio, la sociedad del conocimiento hemos visto que requiere de la interacción de las personas. Se deberán diseñar por tanto, espacios que aumenten la frecuencia de estos encuentros y faciliten el intercambio de ideas a compartir y los proyectos a desarrollar. La sociedad del conocimiento requiere de un urbanismo y de una arquitectura (también de la gestión de los espacios) diametralmente opuesta a la de las sociedades industriales.

Los ecosistemas innovadores que veremos en el próximo capítulo tendrán su desarrollo natural en ciudades planificadas con un nuevo concepto de urbanismo, en donde la nueva ciudad tendrá su desarrollo natural. A su vez, el diseño arquitectónico deberá adaptarse a los requerimientos de la nueva sociedad eliminando jerarquías y facilitando el encuentro de todos con todos. Finalmente, las organizaciones deberán gestionar estos espacios para multiplicar la frecuencia de estos encuentros.

Un ejemplo de este nuevo urbanismo lo tenemos en el distrito 22@ de Barcelona , que hemos visto en 3.5, basado en la ciudad compacta y en la mezcla de usos propios de la nueva ciudad del conocimiento. Si nos centramos en el Parque Barcelona Media dentro del 22@, o en el bloque limitado por la Avenida Diagonal y las calles Roc Boronat, Llacuna y Tánger, vemos que en un solo bloque de unos 60.000m^2 de superficie conviven centros de formación universitaria, centros de investigación y transferencia, empresas grandes, medianas y pequeñas del sector media, servicios de producción audiovisual, incubadoras y otros servicios avanzados configurando el núcleo duro de un clúster del sector Media. Todo ello rodeado de una amplia oferta pública y privada de viviendas y de espacios públicos y servicios que facilitan el encuentro de esta comunidad. Otra cosa es, que la gestión de estos espacios no aproveche todo el potencial que una buena interacción de los miles de personas que se mueven diariamente por esta zona urbana podría permitir, si se dieran las condiciones apropiadas de gobernanza del mismo.

Algunas conclusiones sobre cómo diseñar espacios innovadores en ciudades creativas. A partir de estas reflexiones sobre espacio urbano y ciudades creativas, nos podemos preguntar sobre cuáles son los espacios de actividad económica propios de la sociedad del siglo XXI. Hemos visto que el siglo XX producía los polígonos industriales como los espacios naturales donde se desarrollaba la actividad industrial, motor del conjunto de la economía de países y ciudades. ¿Cuáles serán los espacios naturales propios de la ciudad del conocimiento?.

El siglo XXI es el del conocimiento de las personas creativas. Sabemos que la "clase creativa" se ubica en ciudades que reúnen determinadas condiciones de entorno; también hemos visto que los ecosistemas innovadores urbanos facilitaban la creación de estos entornos urbanos y el desarrollo de la economía basada en el conocimiento.

Es necesario desarrollar un nuevo modelo de urbanismo que facilite la creación de estos entornos. A su vez la arquitectura y el desarrollo de infraestructuras y servicios deben ir en la misma dirección. Es necesario desarrollar una nueva lógica del espacio urbano que favorezca la creatividad y la innovación. Creo que estamos lejos de que el urbanismo y la arquitectura tradicionales hayan asumido este cambio histórico fundamental, entre otras razones por la compartimentación y la segregación de las distintas disciplinas profesionales y del conocimiento. Es necesario integrar las visiones, pensar en sistema y desarrollar modelos que integren distintos ámbitos del conocimiento.

Barcelona atrae talento, es una ciudad relativamente compacta, pero no ha organizado sus espacios públicos y privados pensando en la creatividad y la innovación. Un ejemplo, hoy en Barcelona proliferan los espacios de *coworking* como un nuevo fenómeno de espacios creativos. Sin embargo, debemos avanzar en la forma de organizar estos nuevos espacios. ¿Cómo pueden avanzar en este sentido los actuales *coworking?*, ¿cabria pensar en un sistema o red de *coworkings?* ¿Se deberían crear nodos de comunicación y servicios para el conjunto de estos espacios?. En el próximo apartado nos referiremos al diseño de espacios innovadores.

3.8

Diseño de espacios innovadores

HEMOS VISTO COMO LA CONFIGURACIÓN DEL ESPACIO URBANO DETERMINA LA INTERACCIÓN ENTRE LAS PERSONAS Y COMO ESTE PODÍA CONDICIONAR SU COMPORTAMIENTO.

La ciudad es básicamente un espacio de interacción y el conjunto de interacciones generan influencias externas que modifican la conducta. La forma y la organización del espacio urbano determinarán las interacciones y condicionará el comportamiento.

Vimos que la sociedad del conocimiento requiere que se proyecten nuevos espacios urbanos y arquitectónicos de modo que actúen como entornos propicios a la interacción humana facilitando la creatividad del conjunto urbano. Ahora veremos algunos casos concretos en donde el diseño y la gestión del espacio son fundamentales para el fomento de la creatividad y la innovación.

El caso de Pixar

Pixar Animation Studios tiene su sede en una antigua fábrica situada en la ciudad de Oakland en la bahía de San Francisco. Steve Jobs es conocido por su brillante estrategia empresarial en Apple, pero no tanto por su éxito en Pixar y menos por algunos aspectos como la organización de los espacios para promover la innovación. Al parecer había un diseño inicial basado en tres edificios que se destinarían con despachos separados para informáticos, animadores y dirección. Modelo tradicional propio de la sociedad industrial, departamentos funcionales separados y estructura jerárquica.

En su lugar Jobs decidió crear un gran espacio con un atrio espacioso en el centro. Se trataba de situar la función más importante en el centro: la interacción entre los empleados. Jobs quiso crear un gran espacio vacío en el centro para que todos pudieran siempre hablar con todos. Pero no se trataba solamente de crear un espacio, se trataba de que la gente fuera allí de forma natural. Decidió crear funciones comunes en el centro, funciones como las salas de reuniones o el bar. También la tienda de regalos. Finalmente también decidió colocar todos los aseos de Pixar en el centro.

La gente va regularmente al bar o al aseo y se reúne con asiduidad. Colocando estas funciones en el centro aumentaba considerablemente la posibilidad de encuentro entre personas que de otra forma no se encontrarían casi nunca. Al parecer Jobs decía que era importantísimo que: *"todos se toparan con todos diariamente"*. En definitiva Jobs logró que todos se encontraran con todos de forma natural y que cuando dos personas se encuentran piensan en cosas que pueden compartir o mejorar.

En este punto me acuerdo de que durante mi etapa de director de la Fundación ICT, les decía a mis compañeros que nuestro centro físico de I+D estaba en el wáter porque era allí donde me encontraba con todo el mundo y al verlos me venían ideas a compartir. *"Oye Pep, he pensado que… o porque no nos vemos esta tarde y hablamos de tal cosa…"*.

Volviendo al caso de Pixar, además del espacio central donde continuamente la gente hablaba en los aseos, por la noche la gente acudía a los bares, un total de once dentro del recinto de Pixar, donde seguían las relaciones sociales espontáneas y se generaban ideas para desarrollar al día siguiente. Vemos que la gente en Pixar trabajaba todas las horas y casi todos los días.

Otro elemento de encuentro entre empleados se lograba mediante la Pixar Universidad o universidad corporativa que ofrecía 110 cursos de distintas disciplinas creativas a todos los empleados. Los empleados de distintos departamentos y grupos se encontraban en las aulas para desarrollar sus capacidades por ejemplo sobre escritura creativa, improvisación cómica o juegos malabares. La finalidad principal es la interacción y el fomento de la creatividad.

Estos espacios cumplirían una función similar a la de los llamados "terceros lugares" o espacios interactivos distintos del hogar y de la oficina, donde se fomenta la interacción y la creatividad. Los bares y restaurantes han jugado históricamente un papel importante en este sentido en muchas ciudades del mundo. El restaurante 7 *Portes* de Barcelona, ha sido para mí uno de estos lugares donde, con su dueño el profesor Paco Solé, hemos celebrado gloriosas cenas con personas de todo el mundo.

La curva de Allen

Tom Allen, profesor del MIT, lleva años analizando la importancia de la interacción entre ingenieros en laboratorios de grandes empresas. En este contexto ideó una curva, la curva de Allen, que refleja la probabilidad de que dos personas en un área de trabajo se comuniquen. Resulta que una persona tiene diez veces más probabilidades de comunicarse con otra que se siente en una mesa cercana que si se halla a mas de 50 metros de distancia.

Además, y esto es quizás mas importante, los empleados que participaban en la mayoría de las interacciones eran los de mayor rendimiento. Como resultado de sus investigaciones Allen afirma: *"Quienes tenían un rendimiento alto en cualquier empresa, consultaban con entre cuatro y nueve colegas de la misma organización…., mientras que los que tenían un rendimiento bajo contactaban a lo sumo con uno o dos colegas".*

Según Allen, basta con aumentar el número de conversaciones entre empleados para que se aumente de forma importante la función creativa. Hablar con los demás nos provoca nuevas ideas a aplicar al trabajo que estamos haciendo. En este sentido el lugar más importante de una empresa seria aquel que nos permite encontrar a alguien y charlar con él. La máquina de café, el lavabo o una zona de descanso bien situada pueden promover la innovación en una organización.

Conclusiones

Hemos visto como Steve Jobs decidió crear un espacio central con funciones que facilitaran el encuentro entre empleados que normalmente no se encontrarían. ¿Estamos en condiciones en nuestros espacios actuales de crear estas funciones en el lugar apropiado?. Probablemente, en la mayoría de los casos, como ya estamos en un edificio construido el margen de acción es limitado, pero posiblemente podemos reorganizar el espacio disponible teniendo en cuenta el espacio de circulación y los espacios comunes para avanzar en este sentido.

En el caso de poder rehabilitar un espacio o un edificio creo que, antes de decidir la distribución, se deberían tener en cuenta las lecciones que nos ofrecen el caso de Pixar y las teorías de Allen. Cuando se trata de nuevas construcciones, apelo a los gremios de arquitectos, promotores y constructores para actuar decididamente en el sentido apuntado en este artículo. Si quieren ver un ejemplo de lo que no se debería hacer, pueden visitar el edificio de ESADE Creápolis en Sant Cugat.

En cuanto al urbanismo, su protagonismo debería ser fundamental. Un nuevo urbanismo debe ser capaz de pensar y actuar en el sentido apuntado en este artículo sobre los nuevos espacios urbanos en el siglo XXI, tanto en la definición de usos, densidades etc como en la creación, estructura y funcionamiento del espacio público. Es el momento de la revolución del conocimiento y por tanto también de la revolución en el diseño de los espacios urbanos innovadores.

3.9

Distritos innovadores en ciudades de América Latina

HEMOS HABLADO DE LA NUEVA CIUDAD DEL CONOCIMIENTO Y DE LA CREACIÓN DE ESPACIOS INNOVADORES URBANOS. TAMBIÉN HEMOS PRESENTADO EL MODELO DE DISTRITO INNOVADOR 22@BARCELONA Y LA TEORÍA Y PRÁCTICA DE LOS ECOSISTEMAS INNOVADORES URBANOS. AHORA TRATAREMOS EL POSIBLE DESARROLLO DE ESTOS DISTRITOS URBANOS COMO ECOSISTEMAS INNOVADORES EN ALGUNAS CIUDADES DE AMÉRICA LATINA.

Hagamos un breve resumen de lo visto hasta ahora:

Primero, hemos hablado de la ciudad compacta, sostenible y del conocimiento por contraposición a la ciudad industrial tradicional que es difusa, no sostenible y no competitiva en la nueva economía.

Segundo, vimos que la sociedad del conocimiento requiere que se proyecten nuevos espacios urbanos y arquitectónicos de modo que actúen como entornos propicios a la interacción humana facilitando la creatividad del conjunto urbano.

Tercero, un nuevo urbanismo debe ser capaz de pensar y actuar en el sentido de propiciar la creación de espacios urbanos innovadores, los nuevos espacios urbanos del siglo XXI, tanto en la definición de usos, densidades etc como en la creación, estructura y funcionamiento del espacio público. Es el momento de la revolución del conocimiento y por tanto también de la revolución en el diseño de los espacios urbanos innovadores.

Cuarto, actualmente, las ciudades más dinámicas desde un punto de vista económico son aquellas capaces de desarrollar entornos urbanos que se configuran como ecosistemas innovadores, en los que se favorece de forma natural la transferencia del conocimiento hacia el sistema económico. El resultado es el desarrollo de empresas intensivas en conocimiento, con visión global y fuerte crecimiento, lo que repercute favorablemente en la economía de las regiones implicadas.

Quinto, con el proyecto 22@Barcelona no sólo se logró impulsar un proyecto decisivo para la ciudad de Barcelona, sino que al mismo tiempo se definió un modelo de transformación urbana y de creación de un distrito urbano de innovación que hoy en día se está adaptando en distintos países del mundo.

Validez del modelo para algunas ciudades de América Latina

Este es el punto de partida. El modelo 22@ de Barcelona, ¿es válido para ciudades con otras características como algunas de América Latina?. Estoy pensando en ciudades como Santiago o Valparaiso en Chile, o Lima y Quito en Perú y Ecuador, o Bogotá o Medellín en Colombia o algunas ciudades de México. Me limito a las ciudades que he visitado o que he trabajado en ellas pero entiendo que también sería posible adaptar este modelo a otras ciudades americanas.

Durante los últimos años se ha ido despertando la conciencia de que el crecimiento urbano de carácter caótico que han seguido muchas metrópolis latinoamericanas, no podía seguir indefinidamente y que era necesario desarrollar planes de urbanismo e instrumentos de gestión que permitieran un desarrollo más harmónico, mediante acuerdos entre el sector público y el privado. La situación de colapso circulatorio, los graves problemas ambientales y la falta de adecuación del entorno urbano a las necesidades del nuevo sistema productivo, han llevado a la constatación de que el sector público debería liderar políticas urbanísticas que tengan por objetivos:

1. La promoción de modelos de movilidad donde el transporte público tenga un peso creciente respecto al privado.

2. El desarrollo e implantación de planes urbanísticos que anticipen las infraestructuras, los servicios y los usos del suelo más convenientes para el desarrollo de las distintas actividades necesarias para un desarrollo harmónico de la ciudad.

3. La promoción de actividades económicas propias del entorno urbano, cada vez mas intensivas en conocimiento promoviendo clusters y distritos urbanos innovadores.

Esta necesidad, presenta a menudo problemas de ajuste de carácter institucional relacionados con la gobernanza de estos planes, en el sentido de las dificultades que un entorno institucional poco estable plantea para la ejecución de planes a largo plazo, que requieren de unas condiciones de gobernanza estables basadas en liderazgos fuertes y en el consenso ciudadano. Esta situación es evidente en los países latinoamericanos en los que he estado trabajando, como los anteriormente citados.

Además las políticas relacionadas con la promoción económica, también llamadas de Transformación Productiva (ver *The role of cities in productive transformation: six city case studies from Africa, Asia and Latin America*, UN Habitat 2015) requieren de las citadas condiciones de gobernanza, pero también de modelos de transformación urbana que hoy no están suficientemente desarrollados en el mundo y en particular en América Latina. En el citado estudio de la agencia de las NNUU, UN-Habitat, se pone el énfasis en las Políticas de

Transformación Productiva (PTP) que se definen como *"los programas públicos y los instrumentos diseñados para crear puestos de trabajo y para conseguir un desarrollo sostenible mediante aumentos de productividad y la promoción de sectores competitivos".*

También se afirma que estos programas deben implicar a actores del sector público y el privado, para conseguir un desarrollo inclusivo, es decir en beneficio de todos los sectores sociales. Según este informe los principales instrumentos de las PTP están relacionados con los clústers, las cadenas de valor, las aglomeraciones, las inversiones privadas, el clima para los negocios y el desarrollo de capacidades de las personas (*skills development*). En el citado estudio, entre otros casos de Africa y Asia, se presentan los casos de Lima y de Quito en representación del continente americano.

Los citados instrumentos de las PTP coinciden con los que se ponen en marcha en el modelo 22@ y por tanto parece que este modelo podría adoptarse en las ciudades que desean desarrollar políticas en este sentido. Pero nos deberíamos preguntar si los cuatro subsistemas del modelo 22@ que vimos en el apartado 3.5 responden a las condiciones de las ciudades latinoamericanas.

Algunas ideas sobre el modelo 22@ y las ciudades latinoamericanas

Analicemos los cuatro subsistemas del modelo 22@ y veamos su posible adecuación a estas ciudades.

Desarrollo urbano e inmobiliario:

El proceso de planificación de la transformación física del espacio urbano, con la definición de usos del suelo, cargas y compensaciones a la propiedad, asuntos legales, construcción, infraestructuras y movilidad, así como los criterios para la gestión urbanística y el marketing inmobiliario.

Pienso que las diferencias existentes en el marco legal no deberían ser obstáculo, si hay liderazgo político y pacto público-privado, en el buen funcionamiento de este subsistema, mediante la correcta elección de la zona urbana objeto del desarrollo correspondiente.

Actividades e instituciones empresariales y de C&T:

La creación, atracción y crecimiento de empresas, instituciones y centros especializados (universidades, centros tecnológicos, instituciones de I+D, etc.) basados en la estructuración y dinamización de clústeres económicos y de conocimiento. En la ciudad en la que se pretende crear el distrito de innovación, debería haber una masa crítica suficiente de estas instituciones públicas y privadas que podrían tener un gran incentivo en participar en un proyecto como éste. Por el conocimiento que tengo de las ciudades antes citadas, creo que se dan estas condiciones, aunque lógicamente habría que hacer el análisis sobre la elección del o de los clústers a potenciar y de las empresas tractoras a implicar. Estos dos factores son críticos para el correcto funcionamiento de este subsistema.

Ecosistema Innovador:

Es el campo de acción del distrito Innovador, más allá de su dimensión física. Pretende la implicación y la revitalización de los activos industriales y de conocimiento existentes, y la creación de actividades y programas encaminados a promover la colaboración, la innovación y las iniciativas conjuntas, dentro o fuera del Distrito. Un buen programa de iniciativa empresarial orientado hacia una especialización inteligente (*"Smart specialization"*) y la presencia de incubadoras para la ubicación de start-ups son complementos para el ecosistema innovador. Finalmente, una fuerte interacción con los ciudadanos, la sociedad civil y la cultura local es crucial, más allá de los ámbitos puramente económicos o tecnológicos.

El funcionamiento de este subsistema depende sobretodo de tres elementos. En primer lugar el liderazgo y capacidad de iniciativa de la administración local, segundo la participación activa y liderazgo en sus respectivos campos de centros del conocimiento (universidades, centros de investigación…), empresas tractoras y otras instituciones. Y tercero, la capacidad técnica para preparar proyectos sólidos y realistas teniendo en cuenta los elementos críticos de este subsistema. Me refiero a proyectos de clúster, incubadoras, centros tecnológicos y otros elementos clave del ecosistema innovador.

Creo que en las ciudades consideradas, hay agentes y capacidad técnica para tirar adelante este subsistema.

Gobernanza y Marketing:

Comporta la definición del instrumento de gobierno y de la gobernanza de las nuevas instituciones (forma, composición, competencias, funciones, etc.) optimizada para reunir a los diversos agentes (empresas, gobierno, universidades, otros centros de expertos, organizaciones intermedias, asociaciones, organizaciones civiles, etc.) y para garantizar su desarrollo estratégico, político y económico, y su sostenibilidad. En esta fase también se definen los elementos básicos del plan de marketing y estrategias de comunicación de la nueva área con el fin de acelerar la llegada de la actividad económica y la comercialización de inmuebles. Es el motor que hace funcionar el conjunto del sistema y que activa las interrelaciones entre los distintos elementos.

Creo que aquí puede estar el punto más débil de la cadena en el caso latinoamericano. Esta es mi percepción personal a partir de mi experiencia de estos últimos años en los citados países.

Como afirma Philip Ball (*Masa Crítica*, FCE 2004), contener la expansión urbanística se ha convertido en un tema clave de la agenda política en todo el mundo. La expansión de las ciudades *"está minando el entorno, la economía y el tejido social de los Estados Unidos"*. Creo que esto es aplicable a las ciudades latinoamericanas y hay que situar con urgencia el tema en la agenda de todas estas ciudades.

Hoy en día, los costes de todo tipo que comportan el caos de tráfico de la mayoría de ciudades son enormes e inasumibles para sus habitantes. Se estima que el tiempo empleado en desplazamientos en las ciudades se ha triplicado en las dos últimas décadas. En el caso de Alemania, el coste económico de todo el tiempo desperdiciado se estima en unos ochenta mil millones de euros al año. Y en el mismo país el tráfico rodado ocasiona el 60% del monóxido de carbono y de los óxidos de nitrógeno, gases tóxicos que se lanzan cada día a la atmósfera de estas ciudades. Desconozco estas cifras para el caso de las ciudades latinoamericanas pero es posible que sean superiores.

La solución podría consistir en el fomento del transporte público y el cambio en los modelos de movilidad urbana y de desarrollo económico, en ciudades compactas y sostenibles como las que hemos dibujado en páginas anteriores. En este contexto, la promoción de distritos innovadores siguiendo el modelo del 22@, puede contribuir a desarrollar el nuevo modelo de ciudad. Creo que es urgente empezar a desarrollar este nuevo modelo, en forma de proyectos piloto que tengan suficiente dimensión e impacto para poder ir extendiendo el modelo al conjunto de la ciudad.

Es una cuestión de salud pública y de modelo de desarrollo económico. Sin un cambio en el modelo de ciudad como el que hemos apuntado, la calidad del aire, y por tanto de vida, en las ciudades se irá deteriorando. Por otra parte sin un desarrollo de distritos innovadores el modelo de desarrollo económico no tendrá el entorno urbano que precisa.

3.10

Las ciudades como espacio de interacción

LA CIUDAD ES EL ÁMBITO DE LA DIVERSIDAD,
LA VARIEDAD, LA SORPRESA, SIEMPRE PASAN COSAS,
SE PUEDEN DESCUBRIR NUEVOS LUGARES Y CONOCER
NUEVAS PERSONAS.

Como afirma Jane Jacobs en *Vida y muerte de las grandes ciudades*, la ciudad proporciona lo que de otro modo solo se conseguiría viajando; es decir, lo extraño.

Nací en un pueblo de dos mil habitantes del norte de Cataluña, cerca del Pirineo, Amer, un pueblo bonito y tranquilo, para mí el mejor pueblo del mundo, en el que todos se conocen y se saludan por la calle. Cada día se parece al anterior, para ver y vivir cosas nuevas hay que viajar, como dice Jane Jacobs. Vivo en Barcelona donde cada día pasan cosas, conoces nuevas personas, participas en reuniones con gente que no conocías, vas a escuchar una conferencia de un personaje interesante.

La ciudad es el espacio de la variedad y de la interacción y, como afirma Richard Florida, las ciudades más dinámicas atraen talento de todo el mundo que facilita y enriquece estas interacciones y por tanto la creatividad y la innovación. En la ciudad pasan cosas continuamente y, si uno tiene los ojos y los oídos abiertos, puede tener ideas para transformarlas en acciones creativas e innovadoras.

Las ciudades serian como una fuente de energía que te ayuda a generar nuevas ideas. Paseando por Nueva York, Londres o Paris, tu mente recibe continuamente estímulos visuales y sonoros que te generan nuevas ideas a aplicar a tus actividades profesionales y personales. Paseando por la Rambla de Barcelona llena de gente de todo el mundo, puedes inspirarte hablando, escuchando, viendo el movimiento continuo. Luego escuchas un grupo de música en la plaza de la catedral, tomas un café con un amigo en un bar, comes en un restaurante con un conocido. Es el mundo de la interacción continua, de la variedad, de los estímulos creativos.

El porqué del auge de las ciudades

Pero las grandes ciudades también generan molestias, ruidos, polución, problemas de desplazamiento. ¿Porque a pesar de estas dificultades, la mayoría de las personas decidimos vivir en las ciudades?. Jane Jacobs, en la citada obra, destaca la importancia de los encuentros casuales en la ciudad. Para ella, la ciudad no es un conjunto de edificios, sino una red de espacios en las que las personas interactúan unas con otras. Y estas interacciones enriquecen a las personas y fomentan su creatividad.

En la ciudad compacta basada en las mezcla de usos, donde en un espacio limitado coexisten apartamentos, oficinas, comercios, bares y restaurantes, hoteles o bibliotecas públicas, diferentes clases de personas comparten la calle por distintas razones y aumenta la probabilidad de interacción. Jacobs afirma que en estos espacios se producen "desbordamientos de conocimiento" (*"Knowledge spillovers"*). El valor agregado de todos estos "desbordamientos" determina la riqueza cultural y creativa de una ciudad. De esta forma, conectan urbanismo, calidad de vida en el sentido más amplio y desarrollo económico.

Está demostrado que la innovación es el resultado de un proceso local formado por miles de interacciones entre personas, que estimulan su creatividad mediante estas interacciones. Los innovadores son influidos por otros innovadores que se mueven por el mismo barrio. Como afirma Jonah Lehrer *"la densidad misma de la ciudad – la proximidad de todas esas mentes que se solapan y superponen – es lo que hace que sea una fuente tan inagotable de creatividad"*. La ciudad creativa es densa y basada en la mezcla de usos.

Personas que interactúan

Geoffrey West y Luis Bettencourt son dos físicos que se han dedicado a estudiar la ciudad mediante el método científico, han inventado la ciencia de la ciudad. Identificaron variables propias de la ciudad, como la longitud del cable de la red eléctrica o el número de licenciados universitarios, pasando por el salario medio de distintas ciudades del mundo. Analizaron gran número de estadísticas sobre servicios de todo tipo, evolución de los salarios, velocidad de los peatones etc. Al cabo de un tiempo descubrieron que todas estas variables urbanas respondían a unas pocas ecuaciones matemáticas y formularon de esta manera las leyes del funcionamiento de las ciudades, de todas las ciudades del mundo.

Estas ecuaciones confirman la teoría de Jacobs sobre la ciudad. Se demuestra que cuando las personas se juntan en un entorno urbano, aumenta su creatividad y la productividad per cápita. Las personas intercambian más ideas, son más creativas y generan más innovaciones.

Siguiendo estas ecuaciones de West y Bettencourt, cada variable socioeconómica que pueda ser medida en una ciudad, tiene un exponente de aproximadamente 1,15 de manera que una persona que vive en una ciudad con el doble de habitantes que otra, generaría, por término medio, un 15% más de valor que la que vive en la ciudad de menos habitantes. Según esta teoría, a medida que una ciudad se hace más grande — tiene más población — cada persona de esta ciudad se vuelve más productiva por término medio. Según West: *"las ciudades son fuentes inagotables de*

Ideas" y siguen las leyes formuladas mediante sus ecuaciones.

Pero entonces, ¿cómo se explicarían las anomalías o situaciones particulares de ciudades más pequeñas que son más creativas que otras más grandes?. Sería el caso de Austin o Boston, en relación con Detroit o Cleveland. ¿Porqué algunas ciudades siendo más pequeñas son más creativas, contradiciendo las ecuaciones de W y B?. Los propios autores llegaron a la conclusión que las ciudades más creativas son aquellas que presentan un número mayor de "colisiones" entre personas. La variable clave seria pues la probabilidad de "colisionar", sería el número de interacciones entre personas.

El diseño urbano, la estructura de los espacios y la organización de actividades deben estar orientadas a aumentar el número de interacciones si queremos aumentar la creatividad y la riqueza de una ciudad.

Muchos autores explican el declive de Boston y su ruta 128, como centro de empresas tecnológicas líderes mundiales como *Digital Equipment Corporation* o *Wang Laboratories*, hoy desaparecidas, por su incapacidad de interactuar con otras empresas. Esta fue la causa principal de que no pudieran seguir el ritmo de las empresas que se iban creando e instalando en el oeste del país en San Jose, una antigua zona agrícola. En la ruta 128 había unas pocas empresas grandes autosuficientes y encerradas en si mismas, donde la información fluía en vertical dentro de la empresa, como en el modelo industrial propio de la segunda revolución industrial. El talento de la ruta 128 no podía interactuar y el resultado fue la muerte de la innovación y de las propias empresas.

La revolución digital transforma las organizaciones en abiertas, con trabajo en red y con la información que fluye de forma horizontal. Y de esta forma aquellos territorios que favorecen la capacidad de interacción entre personas y empresas, con sistemas abiertos que interactúan a gran velocidad, van a resultar ganadores. De ahí surge la explosión de nuevas empresas tecnológicas en Silicon Valley y en un país pequeño como Israel, entre otros casos.

Algunas conclusiones:

- La ciudad es un invento que favorece en gran manera la creatividad y la innovación.
- En una ciudad, los espacios que favorecen la interacción entre personas determinan la capacidad de promover la innovación y el desarrollo económico.
- La interacción entre personas depende de la densidad, de la estructura de los espacios y de las actividades y servicios que se desarrollan.
- Para promover ciudades creativas hay que desarrollar estrategias y proyectos donde el urbanismo, la edificación y las estrategias económicas funcionen coordinadamente para favorecer la interacción entre las personas.

3.11

La paradoja de Shakespeare y el *Coworking*

¿PORQUÉ ALGUNAS CIUDADES SON MÁS CREATIVAS QUE OTRAS?

Volvemos al tema de la ciudad, la creatividad y la innovación. Hasta aqui hemos tratado el tema de la ciudad y de los espacios innovadores. Hemos hablado de la nueva ciudad del conocimiento y de la creación de espacios innovadores urbanos, el modelo de distrito innovador 22@Barcelona y la teoría y la práctica de los ecosistemas innovadores urbanos.

También hemos visto que la ciudad es el espacio natural para el intercambio de ideas y para la innovación. Ahora vamos a reflexionar sobre porque hay ciudades más creativas que otras. Cuáles son los factores fundamentales que determinan la capacidad creativa de las ciudades.

Para ello recurriremos a la llamada paradoja de Shakespeare. Parece demostrado que a lo largo de la historia de la humanidad, los genios no se han distribuido de manera aleatoria en el tiempo y en el espacio, sino que se han concentrado en determinados lugares y en momentos concretos. Entre otros muchos ejemplos, se podría pensar en la ciudad de Atenas alrededor de 400 años AC, con una extraordinaria concentración de genios como Pericles, Sócrates, Platón, Heródoto, Eurípides, Sófocles, Esquilo y un largo etcétera que han conformado la base de la cultura occidental.

Otro ejemplo seria la Florencia del renacimiento en la segunda mitad del siglo XV, con Miguel Ángel, Leonardo, Boticelli, Donatello i otro largo etcétera de genios creadores. Otro la Viena de inicios del siglo XX tan bien reflejada por las obras de Stefan Zweig, sobretodo por su autobiografía "El mundo de ayer. Memorias de un europeo".

Nos podemos preguntar por las causas de este extraño fenómeno. ¿Por qué en determinados momentos de la historia humana se produce en algunas ciudades esta gran concentración de talento creativo y esta explosión de creatividad?. Para intentar encontrar una explicación a este fenómeno, algunos autores han propuesto la llamada paradoja de Shakespeare.

William Shakespeare llega a Londres hacia 1.580 y encuentra una ciudad con una gran actividad teatral. Londres tenía unos 200.000 habitantes, una de las mayores ciudades de la época y probablemente una de las más densas. Numerosas casas de comedias competían entre ellas para ofrecer sus espectáculos al público de la ciudad. En los teatros de Londres triunfaba un autor, Marlowe, y Shakespeare debía competir con él.

Durante esta época, debido a distintos factores, se produjo un aumento espectacular de la tasa de alfabetización llegándose en la década de 1580 cuando Shakespeare llegó a la ciudad, a una tasa del 50%, única en el mundo. Parece que la reforma protestante estimuló a la población a la lectura creándose un gran mercado para los libros. En 1.600 en el barrio de Covent Garden se contabilizaban un centenar de impresores independientes. Se podía acceder por tanto a un enorme número de historias actuales y antiguas, al servicio de un público amplio y nuevos escritores podían iniciar su profesión y exponerla en librerías y ser representada en los numerosos teatros de la ciudad.

Puede afirmarse que el nivel cultural de una ciudad, y el fácil acceso a la cultura, determinan su capacidad creativa. Shakespeare fue el genio más conocido, pero estuvo rodeado de gran cantidad de escritores y de pensadores, resultado del entorno creativo que era la ciudad de Londres de esta época. ¿Qué hubiera sido de Shakespeare en otra ciudad y con otro ambiente menos estimulante para la creación?.

¿Cuáles son las lecciones de la paradoja de Shakespeare?, ¿qué condiciones debe reunir una ciudad para fomentar una gran concentración de genio creativo?.

En primer lugar disponer de un ambiente cultural que atraiga las personas creativas, lo que algunos autores llaman el talento. Ya sabemos que hoy en día el talento es generado y atraído hacia aquellas ciudades que reúnen las condiciones para ser consideradas ecosistemas innovadores. Sócrates, Miguel Angel, Freud o Shakespeare tuvieron la suerte de vivir en una época, y trabajar en una ciudad que reunía las condiciones de entorno que facilitaron el pleno desarrollo de sus capacidades creativas.

Las ciudades con ambientes en los que se comparten las ideas, fomentan la explosión de creatividad de muchas personas lo que lleva a la innovación, son ciudades creativas e innovadoras. Parece que personas con potencial de talento las hay en todas partes, pero algunas cuentan con el entorno apropiado para desarrollar su potencial mientras que otras no.

Se trata de establecer las condiciones institucionales que incentiven la generación e intercambio de ideas. Y ello se consigue con instituciones políticas que den estabilidad y confianza a la población. Con instituciones educativas capaces de desarrollar la creatividad a todos los niveles. Con universidades que sepan atraer talento de todo el mundo. Y con un sistema productivo que genere oportunidades de empleo para el talento generado y atraído a la ciudad.

Las ciudades creativas del mundo reúnen estas condiciones. Se trata de desarrollar los puntos fuertes y superar los puntos débiles de nuestras ciudades para transformarlas en auténticos lugares del saber y de la creatividad.

¿Porqué ciudades americanas como Boston o San Francisco o europeas como Londres atraen talento de todo el mundo?. ¿Porqué existen instituciones universitarias y centros de investigación, en los que los mejores talentos pueden desarrollar sus carreras profesionales y disponen de medios y de entornos creativos, en los que pueden conectar con otros talentos con los que pueden intercambiar ideas?. Se considera que en Estados Unidos los emigrantes generan el doble de patentes que los no emigrantes, según datos de la Oficina de Patentes. Asimismo, estos emigrantes han participado en la creación del 52% de las empresas de Silicon Valley desde 1.995. En 2010, los estudiantes extranjeros que cursaban estudios en los Estados Unidos obtuvieron más del 60% de los doctorados en ingeniería. ¿Qué sería de los Estados Unidos hoy sin esta masiva capacidad para atraer talento de todo el mundo?.

Un ejemplo, el programa Icrea

Deberíamos ser capaces de transformar nuestras ciudades en entornos urbanos capaces de atraer talento de todo el mundo, como condición para el bienestar económico de la población. El programa Icrea de la Generalitat de Catalunya ha logrado atraer durante los últimos años unos 250 talentos investigadores de todo el mundo para trabajar en universidades y centros de investigación del país. Ello ha representado una enorme riqueza en todos los sentidos, también en el económico. ¿Porqué no transformamos el programa Icrea en la filosofía Icrea que impregne los distintos ámbitos de nuestras actuaciones públicas y privadas?. ¿Seria posible un Icrea ingenieros y tecnólogos?. ¿Y un Icrea emprendedores?.

Otro ejemplo: los centros de *coworking*

Durante los últimos años, en muchas ciudades europeas, se ha producido un nuevo fenómeno desarrollado en espacios de trabajo compartidos, que se conoce por la palabra inglesa *coworking*. Pero, ¿qué es el *coworking*?.

El coworking es en esencia una filosofía de vida, un nuevo estilo de trabajo basado en la colaboración en espacios compartidos. Pero es más que compartir un espacio para reducir costes, en general se trata de un espacio promovido por alguien que comparte una filosofía de trabajo basada en la colaboración y el sentido de comunidad. Estos promotores intentan, con mayor o menor fortuna y con una buena dosis de voluntarismo, dinamizar la comunidad ofreciéndole apoyo y servicios de *"mentoring"* y de otros servicios para ayudar a tirar adelante la empresa que promueve el trabajador autónomo o el emprendedor, con el fin de ganarse la vida aunque sea de forma precaria.

Las causas de este fenómeno, relativamente reciente, son diversas. Y cada una de ellas representa un grupo de profesionales de este nuevo sector. La primera causa es la crisis económica que ha lanzado al paro a gran cantidad de profesionales que intentan levantar una iniciativa empresarial, basada en su esfuerzo personal o compartido con otras personas en situación similar. Este es un primer grupo de profesionales, pero no el único.

La segunda causa, es la salida al mercado de gran número de licenciados universitarios que no encuentran trabajo. Representa un segundo grupo, formado por jóvenes salidos de la universidad y que no encuentra salida en un estrecho mercado laboral que no les ofrece oportunidades de desarrollar su talento y su vocación profesional.

Una tercera causa, estaría en la calidad de vida de ciudades como Barcelona y las facilidades para el teletrabajo que ofrece a profesionales extranjeros la posibilidad de vivir en la ciudad y trabajar para empresas de otros países. Es el tercer grupo formado por el talento internacional que decide vivir en una ciudad como Barcelona, para trabajar de forma deslocalizada para empresas situadas en otros países mediante la práctica del teletrabajo. Viven en la ciudad que desean vivir, con costes mas bajos que Londres o Paris, con un clima y un entorno agradable para vivir y trabajando para empresas de su país de origen. Estas empresas encuentran en el *"freelance"* o autónomo un alto nivel profesional, bajos costes y reducción de costes de estructura.

Barcelona es una de las ciudades del sur de Europa donde más se ha desarrollado este fenómeno porque en esta ciudad, concurren las tres causas anteriores. Profesionales cualificados que han perdido su empleo, nuevos graduados universitarios con talento y ganas y capacidad para emprender iniciativas emprendedoras y extranjeros altamente cualificados que desean vivir en la ciudad. Gran cantidad de espacios de *coworking* — se considera que unos 100, pero es probable que ya sean muchos mas — proliferan en muchos barrios de la ciudad como Gracia, el Eixample, Poblenou, Ciutat Vella, Poblesec etc.

Las tarifas por lugar de trabajo pueden oscilar entre 100 y 300 euros al mes, en función de las horas de utilización del espacio, de los servicios recibidos y de la zona y la situación del inmueble.

Parece que el fenómeno estaría entrando es su madurez, pero no está claro cual será su evolución en los próximos años. Un signo de aumento de la complejidad de este sistema es que en abril del 2014 nació *Cowocat,* que representa a una parte de los espacios de *coworking* de Cataluña y que tiene por objetivo agruparlos, darles apoyo y relacionarse colectivamente con empresas proveedoras e instituciones para favorecer el desarrollo de este fenómeno, que ha nacido y se ha desarrollado hasta el presente de forma espontánea y fuera del mundo institucional público y privado. Se puede en este sentido afirmar que la sociedad ha sido más creativa que las instituciones, desarrollando formas de trabajo espontáneas nacidas de la necesidad personal y de iniciativas individuales que respondían a nuevas tendencias como las que se han apuntado.

Hemos visto que la paradoja de Shakespeare se produce gracias a la concentración de talento en una ciudad en un momento determinado y a las condiciones institucionales y de entorno que favorecen la traducción de este talento en actividad y en valor económico. Está por ver la evolución que tendrá el fenómeno del coworking pero creo que sería interesante que las políticas públicas intentaran favorecer este fenómeno, sin pretender controlarlo ni encorsetarlo pues podría perder su espontaneidad.

CAPÍTULO 4:

Ecosistemas innovadores

4.1
¿Qué son los ecosistemas innovadores?

LA CULTURA INDUSTRIAL HA HECHO APORTACIONES NOTABLES A LA HUMANIDAD COMO EL SENTIDO DEL TIEMPO O DE LA EFICIENCIA EN LOS PROCESOS DE PRODUCCIÓN, PERO TAMBIÉN HA COMPORTADO ALGUNAS CARENCIAS QUE SE PONEN DE MANIFIESTO EN UN MOMENTO DE CAMBIO HISTÓRICO COMO EL ACTUAL.

Una de las más significativas es quizás la dificultad del enfoque sistémico a la hora de hacer frente a problemas complejos. En la sociedades industriales, aparte de suponer que el valor se encuentra en los objetos físicos, nos hemos acostumbrado (quizás por este sentido de la eficiencia y el tiempo) a asociar cada problema a un instrumento que lo soluciona en lo que claramente es una derivada del mecanicismo propio de la revolución industrial. Las máquinas y los instrumentos resuelven los problemas. Tenemos un problema, lo resolvemos con el instrumento apropiado. Queremos resolver el tema de la emprendeduría, creamos una incubadora.

En la sociedad líquida actual, los problemas van asociados a sistemas cada vez más complejos y ya no nos sirven las soluciones simples, o simplistas, propias de la cultura industrial. Para hacer frente al reto de promover el emprendimiento en un territorio debemos entender y ser capaces de operar en un complejo ecosistema emprendedor, formado de muchos elementos que interactúan y cambian a gran velocidad. Necesitamos otras herramientas metodológicas y otros nuevos modelos conceptuales.

En este sentido, se puede definir un "ecosistema innovador" como un entorno constituido por varios organismos y funciones interrelacionados que tienen por finalidad promover la innovación y, a partir de ella, el crecimiento económico de un territorio.

Los ecosistemas innovadores hoy existentes en el mundo incorporan, de forma más o menos formalizada o espontánea, modelos territoriales como los de la cuádruple hélice (UE, *RIS3 Guide 2012*), la ciudad creativa en la línea de Richard Florida (2009), o los clústers sectoriales (Porter, 1998, Pitelis, 2006 y Glaeser, 2013).

El ecosistema innovador representa una síntesis dinámica de los citados modelos, con unas características muy relacionadas con la historia y las culturas locales y con algunos elementos comunes. Es necesario que nos fijemos en los casos reales hoy existentes en el mundo y, a partir de ellos, intentar hacer una síntesis de factores de éxito o de elementos distintivos que nos permitan entender su dinámica para poder, después, definir políticas y estrategias que favorezcan su desarrollo en un territorio determinado.

Actualmente, las ciudades más dinámicas desde un punto de vista económico son aquellas capaces de desarrollar entornos urbanos que se configuran como ecosistemas innovadores, en los que se favorece de forma natural la transferencia del conocimiento hacia el sistema económico. El resultado es el desarrollo de empresas intensivas en conocimiento, con visión global y fuerte crecimiento, lo que repercute favorablemente en la economía de las regiones implicadas.

Para el estudio de casos, en Barceló y Oliva (2.002) se lleva a cabo un análisis de los ecosistemas innovadores existentes en veinte ciudades del mundo, caso de Boston, Los Ángeles o Nueva York (EE.UU), Bangalore y Hyderabad (India), Hsinchu (Taiwán) y otras de Corea y Japón, y de barrios concretos en Londres, Estocolmo, Helsinki o Cambridge en Europa. Posteriormente en Barceló y Guillot (Ed. Pirámide 2013) se hace hincapié en otros entornos, como los del MIT en Boston y Seattle (ambos en EEUU), el Citytech de Londres, la ciudad de Espoo en la región de Helsinki o el caso de Berlín.

El análisis del ecosistema innovador del Instituto Tecnológico de Massachusetts (MIT) en Boston resulta muy interesante para Cataluña, tanto por su creciente complejidad como por sus resultados económicos. En el análisis se observa la presencia de factores destacados como la multiplicidad de actores, su interacción y el hecho de que para cada etapa de la cadena de valor del conocimiento (desde la investigación básica y aplicada hasta una empresa establecida, pasando por la valoración comercial, la creación de "spin-offs" y su crecimiento) existen las funciones y servicios apropiados que apoyan y facilitan el proceso en su conjunto.

Un estudio publicado por la prestigiosa Fundación Kauffman en febrero de 2009 indica que gracias a este ecosistema innovador se habrían creado 25.800 empresas actualmente activas fundadas por ex alumnos del MIT, con una ocupación alrededor de 3,3 millones de trabajadores y unas ventas anuales de 2 billones de dólares, cifra superior al PIB español, produciendo el equivalente a la undécima potencia económica del mundo.

Parece claro que, con el objetivo de poder definir posibles acciones que nos permitan avanzar en la configuración de auténticos ecosistemas innovadores, un análisis comparado de estos ricos ecosistemas puede ser de interés para Cataluña. En este sentido, es importante insistir en la importancia de la multiplicidad de actores involucrados en el ecosistema, actores que también existen (universidades, centros de investigación, centros tecnológicos, parques científicos, parques empresariales, instituciones públicas con vocación pro-activa) en nuestro país. Pero más allá de la presencia de estos actores (y de algunas limitaciones en su diseño y operativa), el aspecto más relevante para que podamos hablar de un verdadero ecosistema innovador se encuentra en definir sus funciones en relación al conjunto y en conseguir una adecuada interacción entre ellos.

4.2

¿Podemos promover ecosistemas innovadores en Cataluña?

PARECE CLARO QUE CON EL OBJETIVO DE PODER DEFINIR POSIBLES ACCIONES QUE NOS PERMITAN AVANZAR EN LA CONFIGURACIÓN DE AUTÉNTICOS ECOSISTEMAS INNOVADORES, UN ANÁLISIS COMPARADO DE ESTOS RICOS ECOSISTEMAS PUEDE SER DE INTERÉS PARA CATALUÑA.

En este sentido, es importante insistir en la importancia de la multiplicidad de actores involucrados en el ecosistema, actores que también existen (universidades, centros de investigación, centros tecnológicos, parques científicos, parques empresariales, instituciones públicas con vocación pro-activa) en nuestro país. Pero más allá de la presencia de estos actores (y de algunas limitaciones en su diseño y operativa), el aspecto más relevante para que podamos hablar de un verdadero ecosistema innovador, se encuentra en definir sus funciones en relación al conjunto y en conseguir una adecuada interacción entre ellos.

Ahora dedicaremos las líneas que siguen a pensar sobre cómo podemos promover estos ecosistemas innovadores en Cataluña.

En primer lugar intentaremos describir los factores básicos de un ecosistema innovador. Seguiremos con el análisis de algunas iniciativas como la de los parques científicos y tecnológicos o de los programas de promoción económica o las incubadoras o centros de coworking, valorando su situación y sus carencias para convertirse en un real ecosistema innovador. Finalmente propondremos algunas conclusiones operativas aplicables en nuestro país.

¿Cuáles son los factores esenciales de un ecosistema innovador?

Los ecosistemas innovadores son entornos capaces de transformar conocimiento en valor económico. Del análisis de los ecosistemas innovadores más relevantes del mundo, saldrían algunas conclusiones sobre los factores de éxito. Son los siguientes:

1. Una sólida base de formación universitaria politécnica. Sobretodo si está conectada, como en el caso del MIT, con alguna escuela de negocios.
2. Permeabilidad entre empresa y universidad.
3. Masa crítica de investigación.
4. Implicación de empresas y de profesionales externos en los procesos de innovación.
5. Actitud del profesorado orientada al emprendimiento y a la comercialización de la investigación.
6. Objetivo del proceso de innovación: valorizar los resultados de la investigación.
7. Especialización-concentración en grandes retos y en áreas de conocimiento pluridisciplinares.
8. Cultura emprendedora en actitudes y valores.
9. Interrelación espacio-innovación.

Todos estos factores no aparecen de repente y por arte de magia. Su aparición es progresiva en el tiempo de modo que se puede hablar de la complejidad de los ecosistemas innovadores, y en la medida que esta complejidad aumenta, los resultados y el impacto económico sobre su territorio se hacen más y más importantes. Es evidente que las políticas púbicas y la actuación de los otros agentes de la llamada cuádruple hélice (empresas, instituciones de conocimiento y sociedad civil, junto con la referida administración) son determinantes para la creación y consolidación de los ecosistemas innovadores.

El profesor Solé Parellada, catedrático emérito de la UPC, ha estudiado este fenómeno para el caso de la UPC, sobre todo a partir del incremento de las actividades de investigación, del desarrollo del programa de emprendimiento Innova y del de las Fundaciones Parque UPC y CITUPC. Su conclusión es que:

> *"....se necesitan unos 25 años para completar un sistema ciencia-innovación en una universidad. Para que ello sea posible, se deben rebajar las barreras a los grupos de investigación, darles autonomía tanto de acción como financiera, acompañarlos con los servicios adecuados como un centro tecnológico propio focalizado a la demanda, apoyo administrativo en el trabajo burocrático-económico, servicio de patentes muy focalizado en la licencia y en buscar dinero para el early stage de la patente, servicio de apoyo a la creación de spin-off; parque científico y de la innovación focalizado en la creación de un ecosistema creador de economías externas, sistema ágil de contratación tanto de investigadores como de becarios, etc ".*

¿Cuál es la situación de los potenciales sistemas innovadores en Cataluña?

¿Se dan hoy las condiciones y la necesidad de avanzar en la creación de ecosistemas innovadores en Cataluña? Observemos primero cuál es la situación de partida.

Una sólida base de formación tecnológica y escuelas de negocios de prestigio internacional. Se verifica claramente esta condición, en algunos casos con un grado muy elevado de excelencia internacional.

Permeabilidad entre empresa y universidad: claramente insuficiente por múltiples razones que aquí no tenemos tiempo ni espacio para desarrollar. Lo haremos otro día.

Masa crítica de investigación: se verica con un alto grado de excelencia en centros de investigación científica y no en grado suficiente en centros tecnológicos orientados a la innovación empresarial.

Implicación de empresas y de profesionales externos en los procesos de innovación y transferencia de universidades y centros de investigación. En proceso de mejora pero no suficiente y seguramente se ha estancado este proceso desde la crisis.

Actitud del profesorado universitario orientado al emprendimiento y a la comercialización de la investigación. Si consideramos el conjunto de la universidad catalana, aún es muy minoritario, aunque ha mejorado mucho en los últimos diez años.

Valorización de los resultados de la investigación. Todavía muy minoritario, por razones diversas.

Especialización y concentración en grandes retos y áreas pluridisciplinares. Muy minoritario, predomina la rigidez de departamentos y grupos de investigación especializados, con muy poca conexión transversal. Falta la definición de Programas transformadores orientados a grandes retos como la energía o el medio ambiente, como por ejemplo hizo el MIT hace unos años con su iniciativa MIT Energy.

Cultura emprendedora en actitudes y valores. Incipiente tanto en alumnos como en profesores.

Interrelación espacio-innovación. Los espacios urbanos y los edificios no se diseñan para favorecer la innovación. Es necesario que el planeamiento urbanístico y el diseño de edificios se pongan al servicio del fomento de los espacios de innovación (ver el capítulo anterior dedicado a este tema). No se trata un elemento neutral que puede ir por su lado, es un factor esencial que no se tiene muy en cuenta.

Algunas conclusiones operativas

La conclusión principal es que hay mucho trabajo por hacer y que en Cataluña no disponemos de ecosistemas innovadores. Como decíamos en paginas anteriores, en general, falta un pensamiento sistémico que nos permita entender la dinámica de estos ecosistemas y podamos favorecer su desarrollo.

Tenemos elementos importantes, como un sistema de centros de investigación científica que en algunos campos de conocimiento es referencia mundial. También tenemos universidades de nivel internacional, tal vez no de las primeras de los rankings, pero con algunas facultades y escuelas muy bien situadas. Tenemos escuelas de negocio de las primeras del mundo. Quizás nos faltan empresas tractoras con dimensión suficiente, pero tenemos muchas empresas innovadoras competitivas a nivel internacional. Y tenemos más cosas que nos deberían permitir ir superando las carencias que antes hemos apuntado.

Pero lo que no tenemos es un sistema innovador, un real ecosistema con una dinámica propia que vaya creciendo y aumentando su complejidad como los que hay en las economías más dinámicas del mundo. Y este ES EL TEMA FUNDAMENTAL en el que nos jugamos el futuro del país.

4.3

Barcelona gana atractivo y pierde competitividad

EL PASADO DÍA 25 DE MARZO DE 2015 EL DIARIO *LA VANGUARDIA* PUBLICABA UN ARTÍCULO BAJO EL TÍTULO: *BARCELONA GANA ATRACTIVO INTERNACIONAL.* EL MISMO DÍA, EL DIARIO *ARA*, PUBLICABA OTRO CON EL TÍTULO: *BARCELONA CAE 14 PUESTOS EN DOS AÑOS EN EL RANKING DE COMPETITIVIDAD.* RESUMIENDO: BARCELONA GANA ATRACTIVO Y PIERDE COMPETITIVIDAD.... ¿COMO SE EXPLICA ESTO? ANALIZAMOS LAS FUENTES DE CADA NOTICIA.

Barcelona gana atractivo internacional

El periodista Ramon Suñé, buen conocedor de la ciudad de Barcelona, destacaba en la primera página del reportaje de *La Vanguardia*, que la ciudad de Barcelona tiene cada vez mejor imagen a los ojos del mundo. Citaba como fuente del Observatorio Barcelona, un informe anual comparativo entre grandes ciudades elaborado por el Ayuntamiento y la Cámara de Comercio. Según este informe, Barcelona continúa ganando posiciones en los rankings internacionales según una treintena de indicadores independientes de seis áreas temáticas diferentes: negocios, conocimiento, turismo, sostenibilidad y calidad de vida, precios y costes y mercado de trabajo y formación.

Barcelona figuraría en el *"top ten"* de las ciudades más importantes del mundo, en turismo y en reputación internacional, el valor de la marca Barcelona y el atractivo de la ciudad. Con una marca de gran valor, "Barcelona", y con un gran atractivo como ciudad, Barcelona goza de una gran reputación internacional y figura en el *"top ten"* de las ciudades más importantes del mundo en turismo.

Barcelona, sin embargo, no destaca en competitividad global dados los indicadores del mercado de trabajo (16% de paro).

Según el estudio *Guardian Cities Global Brand,* la marca Barcelona es la tercera de Europa (detrás de Londres y París) y la sexta del mundo (ranking que encabezan Los Ángeles y Nueva York y donde Seúl ocupa la quinta posición justo delante de Barcelona). Según el estudio del *Reputation Institute,* en 2014 Barcelona ocupa la novena posición entre las ciudades que tienen mejor reputación.

Según los profesionales extranjeros, Barcelona es una ciudad atractiva para trabajar y esto aumenta año tras año la presencia de profesionales jóvenes de otros países que desean vivir y trabajar en Barcelona. Este es uno de los activos más importantes que tenemos: la capacidad de atraer talento. Otra cosa es la capacidad que Barcelona tiene de "fijar" este talento internacional que viene a nuestra ciudad.

Sabemos también que Barcelona tiene un gran atractivo turístico. Como acabamos de decir, Barcelona está en el *"top ten"* de las ciudades más importantes del mundo en turismo, y sólo hace falta mirar los hoteles y las calles del centro para darnos cuenta de cómo están llenos de turistas durante todo el año. El turismo es uno de los sectores económicos más dinámicos de la ciudad, y un motor que muy probablemente ha conseguido que la crisis no haya llegado a ser más grave de lo que podía haber sido. Deberemos sin embargo preguntarnos por la "capacidad de carga" del sistema urbano de la ciudad.

Barcelona actualmente también destaca por sus Escuelas de Negocios de nivel internacional. También destaca en producción científica —y esto es nuevo en relación a hace tan sólo unos diez años— donde el año pasado ocupó el puesto 11 del mundo y el cuarto de Europa.

Barcelona pierde competitividad

El reportaje de *la Vanguardia* se centraba en explicarnos el cómo y el por qué de la ganancia de Barcelona en atractivo internacional, y dejaba para el final informarnos de la pérdida de competitividad global de Barcelona, que ha caído ocho puestos pasando de la posición 19 a la 27 sobre un total de 40. Madrid ha caído dos posiciones pasando de la posición 17 a la 19.

Con la misma fuente que *La Vanguardia*, el diario *Ara* destacaba la pérdida de competitividad global de la ciudad.

El reportaje del *Ara* decía:
"la ciudad de Barcelona ha perdido 14 puestos en dos años en el ranking de competitividad global de las grandes ciudades del mundo, según el informe 2015 del Observatorio Barcelona que elaboran la Cámara de Comercio y el Ayuntamiento. Sin embargo, la ciudad mejora en otros indicadores, especialmente en el de perspectivas de futuro, 'smart cities' y reputación global. En el caso de la competitividad global, Barcelona ocupa ahora el lugar 27 en el ranking, cuando el año pasado ocupaba el puesto 19 y el anterior, el 13. El ranking lo elabora desde el año 2008 la nipona Mori Memorial Foundation con la colaboración de diferentes 'think tanks' de prestigio, que comparan 40 ciudades del mundo. Este ranking se llama Global Power City Index y parte de 70 indicadores ordenados en seis categorías."

Donde la ciudad de Barcelona recibe el castigo más grande es en el indicador de medio ambiente, que en 2014 ocupaba el puesto 31 cuando en 2013 ocupaba el puesto 19 y en 2012 había llegado a estar en un bastante alto 12° puesto.

Algunas conclusiones

Utilizando la misma fuente, el Observatorio Barcelona de la Cámara de Comercio y el Ayuntamiento de Barcelona, sacamos dos grandes conclusiones:

- Barcelona gana atractivo internacional en turismo y en reputación internacional, en el valor de la marca Barcelona y en el atractivo de la ciudad. También en escuelas de negocios y en producción científica.

- Barcelona pierde competitividad sobre todo en las categorías de economía (sólo tenemos dos ciudades por debajo), I+D (puesto 33 de 40) y mercado de trabajo (el nivel de paro más alto).

Centrándonos en la segunda conclusión de la pérdida de competitividad de Barcelona, cuando nos fijamos por ejemplo en cómo Barcelona es de las últimas ciudades en I+D, se nos hace patente la paradoja siguiente: ¿cómo es posible destacar en producción científica (Cataluña produce diez veces más que lo que nos tocaría por población y Barcelona como hemos visto más arriba estaba en el 2014 en el puesto 11 del mundo y el cuarto de Europa con respecto a este indicador) y al mismo tiempo ser de los últimos en I+D? . La posible respuesta la encontramos en el hecho de que los centros de investigación científica de Cataluña se financian básicamente con fondos de fuera, sobre todo de la Unión Europea. Como afirmaba el otro día Lluís Torné, director del ICFO (Instituto Catalán de Fotónica), que eso sea así conlleva que los centros financiados hagan la investigación que interesa a las entidades o empresas que les aportan los recursos y que en cambio no hagan la investigación que interesa a las empresas del país.

Continuando con el análisis de los factores de competitividad, si en I+D estamos mal, en capacidad innovadora estamos peor. Según el informe de la UE Innovation Scoreboard 2014 (IUS 2014) sobre innovación en la UE, Cataluña pierde posiciones en el ranking de potencial innovador. Según el mismo informe, España ha empeorado ligeramente su rendimiento innovador de modo que en la clasificación europea pasa del puesto 16 al 17 entre los países "moderadamente innovadores".

El informe, publicado el año pasado por la Unión Europea (UE), señala que a pesar de que Europa ha avanzado en innovación y está recuperando su retraso respecto a los Estados Unidos y Japón, las diferencias entre sus Estados miembros siguen siendo grandes. El informe IUS utiliza un conjunto de 25 indicadores clasificados en varias dimensiones: recursos humanos, sistemas de investigación, finanzas y apoyo, patentes, inversión de las empresas, emprendimiento, etc. Con estos indicadores se calcula un índice general que sirve para hacer el ranking entre estados miembros de la UE los que quedan clasificados en cuatro grupos. En el primer grupo están los estados innovadores "excelentes" El segundo grupo está formado por los seguidores o *"followers"*. Cataluña estaba en este segundo grupo hasta este último informe.

La UE publica un segundo informe dedicado a las regiones. El *Regional Innovation Scoreboard 2014* sólo incluye dos comunidades de España —País Vasco y Navarra— en el grupo de *"innovadores notables o followers"*. Cataluña y Madrid han perdido su posición líder, por encima de la media europea, y ahora forman parte del conjunto de regiones de innovación moderada, por debajo de la media. Hemos pasado el tercer grupo.

Pienso que esta es la causa real que explica que podemos ganar atractivo, pero en cambio perdemos competitividad. Del análisis en profundidad de las variables del informe IUS 2014, debería salir el diagnóstico ajustado a la realidad del país, que nos permita salir de la situación actual. El debate está abierto.

4.4

Cataluña y Sistema de Innovación

EL PASADO DÍA 25 DE MARZO DE 2015 TUVO LUGAR EN LA SEDE DEL PEMB (PLAN ESTRATÉGICO METROPOLITANO DE BARCELONA) UN INTERESANTE DEBATE SOBRE LA INNOVACIÓN.

Como se afirmaba en la convocatoria: *"El objetivo del workshop es poder ampliar las opiniones y puntos de vista sobre las interrelaciones entre investigación, innovación e industria, en el marco de la región metropolitana de Barcelona"* (RMB). Interrelaciones entre investigación, innovación e industria, o sea, el ecosistema innovador del que hablábamos anteriormente.

El PEMB es una institución clave que impulsó de manera ejemplar en su primera etapa el recordado amigo Francesc Santacana y que ahora lidera Carles Castells. El nuevo Plan Estratégico, en proceso de preparación, será clave para el futuro del Área Metropolitana de Barcelona, sobre todo si las instituciones públicas y la clase política son capaces de liderar y llevar a la práctica las conclusiones que ya se están formulando.

Volviendo al debate, se puso de manifiesto desde su inicio la falta de representación de la industria, y quizá también como consecuencia, una sobre-representación del mundo de la investigación.

Suele pasar en todos estos debates. Mientras que la gente de la industria está trabajando llevando innovaciones al mercado, algunos académicos se permiten afirmar que la industria no es innovadora. Académicos que, a los que no me canso de recordarles, viven gracias a los impuestos que pagan estos industriales que según ellos son *"tan poco innovadores"*.

Los lectores me permitiréis esta pequeña expansión personal porque ya hace años que vengo escuchando la canción que la industria catalana no es innovadora y ya estoy aburrido. La industria catalana desde la primera revolución industrial ha demostrado ser muy innovadora, incorporando tecnología y desarrollando innovaciones de proceso y, aunque menos, también de producto. La industria catalana ha generado nuevas iniciativas emprendedoras, ha creado nuevos sectores en cada nueva ola de cambio tecnológico y ha abierto nuevos mercados en el mundo. Ha atraído inversiones industriales de empresas multinacionales que aquí encuentran personas preparadas, un rico sistema de proveedores y acceso a los mercados europeos. Y un largo etc.

El resultado de todo este largo proceso histórico es que hoy, como hemos dicho tantas veces, *Cataluña es un país industrial* (ver libro Miquel Barceló, editorial Proa 2003) que decidirá su futuro en función del potencial innovador de su industria en las condiciones de competitividad del siglo XXI, que son diferentes a las de los siglos pasados.

Tenemos pues delante un gran reto, y un debate como el que plantea el PEMB es hoy EL TEMA que nos debería ocupar y preocupar.

Para empezar a entender las relaciones entre investigación, innovación e industria hace falta que precisemos qué entendemos por innovación. ¿Qué es la innovación? Para entender qué es la innovación empezaré recordando tres definiciones que considero importantes para entender de qué estamos hablando.

La primera es del gran Peter Drucker (1985) (ver referencias a Peter Drucker en el capítulo 1).

"La innovación es la función típica del emprendedor. Es de esta manera que el emprendedor, o bien crea nuevos recursos productores de riqueza, o bien adopta recursos existentes que tienen un mayor potencial para crear riqueza. Es el esfuerzo para crear un cambio deliberado y enfocado en el potencial económico o social de la empresa".

No hay entonces innovación sin empresa, sea nueva o existente, y no hay innovación que no cree riqueza. Un invento o una idea o el resultado de una investigación no son innovaciones si no pasan a producir riqueza.

Seguimos con otro autor que insiste en el tema; se trata de Curtis Carlson (2006) presidente de SRI (Stanford Research Institute), empresa que, resultado de un proceso de spin-off de la Universidad de Stanford en Silicon Valley, durante años ha llevado al mercado cientos de innovaciones que hoy forman parte de nuestra vida cotidiana. Dice Curtis Carlson: *"La innovación es el proceso que transforma una idea en valor para el cliente y que, además, tiene como resultado beneficios sostenibles para la empresa".* Creo que Peter Drucker, si no nos hubiera dejado, estaría de acuerdo con esta definición. No se puede decir más en menos palabras, en esta frase está la esencia del concepto innovación. La innovación es un proceso que transforma la idea en valor para el cliente, y en beneficios sostenibles para la empresa. A menudo se habla de innovación como sinónimo de I+D, ignorando el sentido de esta definición.

Finalmente , quiero destacar una definición que conecta con el proceso y con la gestión de la innovación en la empresa. La formula un consultor, Peter Skarzynski (2008) que afirma:

"la innovación no consiste sólo en producir mejoras incrementales o en perseguir una idea rompedora y esporádica. La innovación consiste en generar un flujo constante de innovaciones significativas que con el tiempo constituirán la base de una ventaja competitiva y sólida".

Las tres definiciones suman y son compatibles para la comprensión del concepto de innovación tal y como se entiende hoy en el mundo. Es un concepto que ha evolucionado mucho desde los años 60 cuando se creía en el modelo de "tubo" que consistía en que si entrabas recursos de I+D, por arte de magia saldrían innovaciones. Creo que esta visión del "tubo" ha dado lugar a muchos de los malentendidos que se están produciendo hoy en día, a pesar de las muchas aportaciones de autores importantes como los que he citado. Hoy son muchas las personas, sobre todo del mundo de la política y de la academia, que piensan todavía, consciente o inconscientemente, según este modelo de "tubo".

Alguien decía en la sesión de debate del PEMB: Si se inyectaran 3.000 millones de euros más en actividades de I+D este país sería de los más innovadores del mundo. Sí o no .... depende de cómo se gastara este dinero, depende de que sirvieran para que las empresas activaran los procesos que transformaran ideas en valor para el cliente como nos dice Carlson, por ejemplo. De todos modos, muy probablemente el sistema no sería capaz de absorber un incremento de este nivel. Remitimos al lector al concepto de ecosistema innovador que hemos visto en paginas anteriores. Las cosas son más complejas que puramente presupuestarias.

En este sentido los indicadores que han pretendido medir la innovación han ido evolucionando a lo largo del tiempo. Véase en el cuadro que sigue una propuesta sobre esta visión donde se distinguen hasta cuatro "generaciones" de indicadores para medir la innovación.

UNIVERSITAT POLITÈCNICA DE CATALUNYA
School of Professional
& Executive Development

innopr::

Innovation Indicators Are Evolving
(slowly)

1st Generation Input Indicators (1950s-60s)	2nd Generation Output indicators (1970s-80s)	3rd Generation Innovation Indicators (1990s)	4th Generation Process Indicators (2000 + emerging focus)
• R&D expenditures • S&T personnel • Capital • Tech intensity	• Patents • Publications • Products • Quality change	• Innovation surveys • Indexing • Benchmarking innovation capacity	• Knowledge • Intangibles • Demand and outputs • Clusters and networks

4 generations de medidas de innovación: sacado de curso Master MBI de la UPC

Quizás el mejor indicador agregado del potencial innovador de un país es el que nos da la publicación anual del Innovation Scoreboard de la UE. Reproduciremos aquí la referencia que hacíamos en páginas anteriores:

Según el informe de la UE *Innovation Scoreboard 2014* (IUS 2014) sobre innovación en la UE, Cataluña pierde posiciones en el ranking de potencial innovador.

El informe IUS utiliza un conjunto de 25 indicadores clasificados en varias dimensiones: recursos humanos, sistemas de investigación, finanzas y apoyo, patentes, inversión de las empresas, emprendimiento, etc. Con estos indicadores se calcula un índice general que sirve para hacer el ranking entre estados miembros de la UE los que quedan clasificados en cuatro grupos. En el primer grupo están los estados innovadores "excelentes": Suecia, seguida de Dinamarca, Alemania y Finlandia, con resultados muy por encima de la media de la UE. El segundo grupo está formado por los seguidores o *"followers"*: Austria, Bélgica, Chipre, Eslovenia, Estonia, Francia, Irlanda, Luxemburgo, Países Bajos y Reino Unido, que están ligeramente por encima o próximos a la media. Cataluña estaba en este segundo grupo hasta este último informe.

La UE publica un segundo informe dedicado a las regiones. *El Regional Innovation Scoreboard 2014* sólo incluye dos comunidades de España —País Vasco y Navarra— en el grupo de *"innovadores notables o followers"*. Cataluña y Madrid han perdido su posición líder, por encima de la media europea, y ahora forman parte del conjunto de regiones de innovación moderada, por debajo de la media.

Algunas conclusiones:

Hemos visto que la innovación es una variable compleja, difícil de medir, que no se puede confundir con las actividades o con los gastos destinados a I+D y que de la innovación son responsables las empresas. Así es: el agente de la innovación es la empresa que innova mediante mecanismos complejos, con el objetivo de ser competitiva añadiendo valor al cliente y generando beneficios para la empresa.

También hemos afirmado que la empresa catalana ha sido históricamente, y es actualmente, innovadora (si no lo fuera no podría ser competitiva como nos dicen las cifras de exportación). Ahora añadimos: si lo quiere seguir siendo tendrá que adaptarse a las condiciones de la competencia internacional del siglo XXI. Esta nueva etapa histórica obliga a un pacto público-privado que permita por un lado potenciar las actividades de gestión de la innovación internas en la empresa. Un pacto público-privado que también debe promover aquellos elementos del sistema innovador que, como los centros de investigación y desarrollo tecnológico o un sistema educativo más alineado con las necesidades del sistema económico, faciliten la innovación de las empresas.

CAPÍTULO 5:

I+D
e innovación

5.1

Innovación e I+D, 1

EN EL CAPITULO ANTERIOR PRESENTÁBAMOS ALGUNAS DEFINICIONES ACTUALMENTE ACEPTADAS DEL CONCEPTO DE INNOVACIÓN. EN ESTAS DEFINICIONES SE PONÍA DE MANIFIESTO QUE LA INNOVACIÓN ES UN PROCESO QUE SE PRODUCE EN LA EMPRESA Y QUE EL ENTORNO PUEDE AYUDAR, PERO QUE EL AGENTE PRINCIPAL Y DIRECTO DEL PROCESO ES LA EMPRESA. RECORDAREMOS LA DEFINICIÓN DE CURTIS CARLSON, PRESIDENTE DEL SRI (CENTRO DE INVESTIGACIÓN INDEPENDIENTE SIN ÁNIMO DE LUCRO QUE DA SERVICIO AL GOBIERNO Y A LA INDUSTRIA DE LOS ESTADOS UNIDOS).

Según Curtis Carlson:

> *"La innovación es el proceso que transforma una idea en valor para el cliente y que, además, tiene como resultado beneficios sostenibles para la empresa". Decíamos que, en esta frase estaba la esencia del concepto innovación. La innovación es un proceso, un proceso complejo liderado por la empresa con la posible - o incluso conveniente- participación de otros agentes externos, siguiendo el modelo llamado "open innovation" (ver Henry Chesbrough).*

Este proceso complejo se inicia con una idea y termina en valor para el cliente. Esto nos dice que hemos de gestionar la innovación siguiendo dos pasos diferenciados: activando primero la generación de ideas y activando después la transformación de algunas de ellas en "productos" que los clientes quieran comprar porque les aportan valor. El resultado es que la empresa que ha innovado obtiene beneficios sostenibles de su proceso de innovación. No me negaréis que no es un proceso extraordinario, una especie de milagro que hacen las empresas gracias a la creatividad y al talento de las personas, de la empresa y de fuera, que participan en este fantástico proceso gracias al cual la economía de un país puede funcionar.

También afirmábamos que *"a menudo se habla de innovación como sinónimo de I+D, ignorando el sentido de esta definición"*. Hoy hablaremos precisamente de esta relación, también compleja, entre innovación y actividades de I + D. Y para ello nos referiremos a dos estudios de referencia que tratan este tema, debidos a la consultora en innovación estadounidense Booz Allen Hamilton (*http://www.boozallen.com*).

El primero es el informe publicado en los años 2005 y 2006, basado en el estudio de las 1.000 empresas del mundo que dedican más presupuesto a I+D, y que concluye que: *"No hay una correlación estadística significativa entre gasto en I+D y prácticamente ninguno de los indicadores de éxito empresarial, incluyendo aumento de ventas, margen bruto, margen operativo, beneficios, capitalización de mercado o remuneración del capital"*. El informe termina con la siguiente conclusión: gastar más en I+D no ayuda necesariamente, aunque gastar poco es peligroso. Es más importante cómo se gasta que cuánto se gasta".

Posteriormente en el año 2013, en un informe llamado *Who-Says-Big-*

Companies-Can't-Innovate, se afirma que mientras que las grandes empresas como Booz Allen pueden generar fuentes de ideas e innovaciones en una variedad de formas, los factores que en última instancia, impulsan la innovación sostenible son, entre otros: los procesos culturales de trabajar hacia una agenda enfocada, la capacidad de colaborar confrontando ideas con empleados brillantes, o la de conectarse con socios del ecosistema de innovación global.

El año 2013, Booz Allen comenzó a desarrollar un Plan de Innovación aplicado a la propia empresa consultora, basado en una serie de componentes y sistemas para alimentar, suministrar y madurar las propias prácticas innovadoras. Construido desde un enfoque cultural de la innovación, el Plan de Innovación es un método por el que cualquier organización grande puede aprovechar el poder de su institución y habitualmente colaborar con y participar en el ecosistema de innovación global. Este enfoque cultural, permite a las grandes empresas lograr mejoras incrementales y aplicaciones asociadas para fomentar iniciativas con potencial de transformación de la organización.

Los componentes de este Plan de Innovación propuesto por Booz Allen para empresas grandes y que, sin embargo, pienso que muchos de ellos pueden ser válidos para cualquier empresa independientemente de su tamaño son los siguientes:

1. **El valor de la marca:** El primer componente del Plan de Innovación es la idea por la que una empresa quiere ser conocida. Miramos por ejemplo Starbucks. Esta empresa experimentó 20 años de rápido crecimiento, pasando de 33 tiendas de café en 1988 a 16.680 en 2008. Su éxito, afirma Booz Allen, llegó como consecuencia de muchas cosas, pero muy probablemente el factor principal de su éxito vino de su imagen como 'tercer lugar' entre el hogar y el trabajo. Imagen de marca, prestigio, reputación.

2. **Focalizar la agenda:** Los ejecutivos deben determinar sus inversiones a través de un análisis cuidadoso de los problemas más complejos de sus clientes. A continuación, pueden alinear un conjunto de iniciativas principales y progresivas que hagan frente a los problemas identificados. En Booz Allen llaman a este conjunto de iniciativas *"nuestra agenda enfocada"*. Este enfoque de inversión dirigida proporciona la oportunidad de concentrar

los recursos e implementar metodologías para la creación de prototipos y maduración de nuevas soluciones. Un paquete de iniciativas ofrece a las empresas la flexibilidad para ajustar, añadir o intercambiar iniciativas individuales según evolucione la naturaleza de los problemas de los clientes. Innovación de producto centrado en los problemas de los clientes.

3. **Inspira tu gente:** los contratos con los clientes que permiten la innovación, vienen cuando las organizaciones comparten una cultura que tiene el poder de capitalizar su agenda enfocada y de potenciar la capacidad de sus empleados en la libertad para capturar, reproducir y fallar con diferentes ideas que aumenten o contribuyan a las iniciativas de la agenda enfocada. Es decir, organizaciones que establecen y promueven un nivel de riesgo prudente, y que permiten a sus empleados aprender de sus errores y afinar su enfoque.

4. **"Harvest your culture":** las organizaciones que cultivan un ecosistema interno y inspiran su gente pueden aportar ideas inteligentes y recoger innovaciones a intervalos regulares. Nuestro Plan de Innovación debe facilitar que puedan crecer comunidades alrededor de un ecosistema interno de espacios culturales, eventos y herramientas; comunidades que a su tiempo puedan conectarse con el ecosistema de innovación global.

5. **No vayas solo:** Financiación interna y orientación son básicos pero no suficientes. Las prácticas innovadoras de una empresa se ven reforzadas e inspiradas por su participación en el más amplio ecosistema de innovación global. Nuestro Plan de Innovación es la base para las propias innovaciones originales, pero estas también son posibles gracias a la colaboración deliberada con socios externos. Este es un enfoque de colaboración que desafía el desarrollo de las organizaciones y el diseño tradicionales.

6. **"Bringing it all together":** Cuando una organización está basada en una cultura colaborativa, los componentes del Plan de Innovación se orientan hacia una innovación sostenible. Las grandes empresas, como Booz Allen, están orientadas a la producción de productos y servicios en el mercado. Tienen las

redes, fuerzas de ventas y relaciones para situar nuevas empresas en el mercado. La clave para estas empresas, sin embargo, es lubricar los componentes del Plan de Innovación con innovaciones útiles y consistentes creadas por las ideas brillantes de sus empleados.

El informe termina con la conclusión de que las empresas que implantan un Plan de Innovación como el descrito, con una agenda enfocada, un ecosistema de innovación interno que participa activamente en el ecosistema de innovación global, con una cultura que fomenta el espíritu emprendedor, puede alcanzar un nivel de compromiso de los empleados para ejecutar y mantener su negocio con un flujo constante de nuevos productos y servicios de forma recurrente y mantenida a lo largo del tiempo. Lo que importa no es de dónde vienen las ideas, sino el proceso cultural por el que las organizaciones generan y desarrollan innovaciones que aceptan los mercados.

Con estos dos estudios, Booz Allen refuerza la idea de que las actividades de I+D, a diferencia de lo que nos hemos acostumbrado a pensar, no son el elemento fundamental de la capacidad innovadora de las empresas. Los factores que deciden la capacidad innovadora de una empresa se encuentran entre sus componentes culturales y el método de la organización. La forma en que las empresas gestionan la innovación. Como decimos a menudo en entornos como el del *Master in Business Innovation* (MBI) de la UPC que dirijo, hoy gestionar una organización es gestionar la innovación.

Las actividades de investigación y desarrollo, sean internas o externas, serían un factor de acompañamiento en aquellos casos en que se hagan necesarias. Por otra parte, debemos saber que en los casos donde sea necesario el acceso a capacidades de I+D, podemos y debemos acceder al ecosistema de innovación global además de utilizar las capacidades internas propias. Quisiera hacer notar que los americanos han dado el salto del ecosistema interno al global, esto quiere decir que van a buscar el apoyo necesario en todo el mundo allí donde éste se encuentre, no importa dónde; el mundo es plano.

5.2

Reflexionando en Poblet sobre universidad y empresa

LOS PASADOS DÍAS 12 Y 13 DE JUNIO DE 2015, TUVO LUGAR EN EL MONASTERIO DE POBLET UNA NUEVA EDICIÓN DE LAS JORNADAS CATALUÑA FUTURA 2015.

En estas jornadas anuales, representantes de la universidad y de la empresa se encuentran para reflexionar sobre el qué y el cómo de la importancia capital que tiene para el futuro de Cataluña, que universidad y empresa mantengan una relación activa alrededor de un objetivo común tan necesario como lo es el conseguir que Cataluña crezca, y que este crecimiento esté basado en la investigación y la innovación.

Las Jornadas Catalunya Futura del 2015, organizadas por la Asociación Catalana de Universidades Públicas (ACUP), tuvo por título *"Innovación para la competitividad territorial"* y ha contado con la presencia de personas relevantes de los dos mundos, la empresa y la universidad.

Josep Maria Vilalta, Secretario Ejecutivo de la ACUP, y Josep Alias, de la Plataforma Conocimiento, Territorio e Innovación (CTI) me propusieron que actuase de "*conductor*" de dos sesiones de trabajo y en las lineas que siguen intentaré resumir sus contenidos. Se tratará de una versión personal y no pretendo representar al conjunto de los participantes. En el acto participaron unas 40 personas procedentes de las universidades públicas catalanas (rectores, vicerrectores, presidentes y representantes de consejos sociales) y del mundo empresarial. Este pequeño formato y las condiciones de la sala permitieron un debate vivo y la participación de todos los asistentes.

La sesión de trabajo 1 trató del rol de las universidades y las empresas en la competitividad territorial. Se propuso que se hablara de la evolución de las relaciones entre las universidades públicas catalanes y las empresas durante los últimos años: qué pedían las empresas a las universidades para ser más competitivas, cuál era la perspectiva de las universidades para favorecer la transferencia de conocimientos hacia las empresas y cómo se podía mejorar esta relación para potenciar la competitividad territorial.

Las intervenciones iniciales corrieron a cargo de Francesc Xavier Grau, ex rector de la Universidad Rovira i Virgili y actual director académico de la *Global University Network for Innovation* (GUNI) y de Maria Salamero, directora de innovación y conocimiento de Aqualogy. El primero presentó las principales conclusiones de un debate anterior organizado por la ACUP sobre RIS3CAT. También presentó datos sobra la innovación en Cataluña, basados, sobre todo, en los informes del *Regional Innovation Scoreboard* de la UE. Maria Salamero explicó el modelo de innovación de la corporación AGBAR a partir del papel que juega el centro Cetaqua y su relación con universidades y centros de investigación.

La sesión de trabajo 2 llevaba por título *"La innovación regional y la competitividad global: construyendo una visión compartida"*. Los temas a tratar fueron sobre estrategias regionales de especialización inteligente RIS3, una visión europea. Su aplicación a Cataluña. Cómo pueden aprovechar las universidades y empresas la nueva política regional europea. Por qué Cataluña ha perdido un nivel en el *Innovation Scoreboard 2014* y cómo se puede corregir esta situación.

Xabier Goenaga, responsable de la Unidad de Análisis de Sistemas de Innovación, Joint Research Center de la Comisión Europea, se refirió al mencionado informe de la UE y a los puntos débiles de Cataluña, que se encuentran, sobre todo, en la colaboración entre Pymes e I+D y en las Inversiones en I+D privada. Destacó las características principales del nuevo enfoque RIS3 y la importancia de una visión transnacional de manera que entidades y empresas de otros países y regiones europeas participen en iniciativas que se desarrollen aquí.

Ramón Carbonell, presidente de la asociación de empresas catalanas FemCAT y presidente del Consejo Social de la UPC, destacó la impor-tancia de la formación de innovadores, la relevancia de proyectos como el *Mobile World Congress* para las empresas catalanas y la necesidad de un asociacionismo fuerte de las Pymes para potenciar su relación con las universidades, poniendo como ejemplo el caso de UC Davies y las empresas del sector agroalimentario en California. Finalmente, Lluís Prats, jefe de la Unidad de Asuntos Internacionales de la dirección general de Mercado Interior, Industria, Emprendimiento y Pymes de la Comisión Europea, explico la política de la UE en materia de Pymes y la importancia de la política de reindustrialización europea para el mercado único digital.

Como resultado del intenso debate, resumo las primeras conclusiones:

La primera idea dominante era que "este año sí" que las conclusiones deberían tener el carácter de propuesta al Gobierno de la Generalitat de Cataluña, y no de petición a los poderes públicos. Se valoran muy positivamente estas jornadas anuales, pero se con-sidera que hace falta pasar a la acción con propuestas concretas y medibles en su ejecución. Puede ser que ya hemos hecho bastante diagnóstico, hace falta medir la situación en cifras, pero, sobre todo, marcar acciones y objetivos. Pero hacerlo, *"no como en la CRUE donde todo se espera que venga de las decisiones del gobierno español"*, sino con propuestas y actuaciones concretas a impulsar entre todos.

Se decide entonces, preparar propuestas a difundir a la sociedad catalana y a presentar al gobierno. Estas propuestas tienen que consistir en acciones concretas, cuantificables y realistas que permitan avanzar de forma clara en la innovación de las empresas catalanas y en el papel de la universidad en este sentido.

La Plataforma CTI quiere jugar un papel relevante en la evaluación de las acciones que se lleven a cabo en Cataluña en el marco de RIS3 y de la aplicación de los Fondos FEDER y Fondo Social Europeo durante el período 2014-20, en el marco de la política Europea 2020. Por ello se preparará una propuesta, tendiendo como referencia el caso Orkestra del País Vasco, que establecerá los criterios y las acciones para evaluar los resultados y el impacto de las políticas públicas en materia de innovación y competitividad.

También se considera necesario valorar el informe *Regional Innovation Scoreboard* de la UE 2014 y analizar las causas de la pérdida de posición de Cataluña para, a partir de aquí, definir las acciones correctoras correspondientes. Cataluña ha pasado del segundo nivel, llamado *"regional innovation followers"* o seguidores, al tercer nivel *"regional moderate innovators"* o innovadores moderados. Expresado en este lenguaje correcto que utiliza la UE para no ofender a nadie, pero que resulta muy claro. O sea, que pasamos de ser seguidores de los líderes, a ser innovadores "moderados", es decir, que solo innovamos "un poquito".

Esta noticia ha pasado desapercibida en Cataluña, lo cual indica el bajo nivel de cultura innovadora del país y de los medios de comunicación. Cuando un ministro o un consejero dice una banalidad, lo cual pasa a menudo, el hecho se transforma en una noticia destacada. En cambio, cuando de la UE nos dicen que hemos bajado en el potencial innovador del país, no se entera nadie. Para que esto no pase, debemos poner este tema en primer plano y, a continuación, trabajar para: 1) en primer lugar, determinar las causas y 2) a continuación, decidir las acciones que nos lleven a recuperar la posición perdida de *"followers"*, buscando siempre, claro, la primera posición de líderes innovadores.

Se considera también que hay que reforzar el sistema de centros tecnológicos y de centros de investigación de las universidades para poder reforzar la capacidad innovadora de las empresas catalanas. El proceso de fusión de centros TECNIO puede ser muy importante si se completa correctamente el trabajo iniciado, asegurando la gobernanza y la capacidad de gestión y de crecimiento necesarios del nuevo centro.

El nuevo centro EURECAT tendrá que jugar un papel vertebrador del sistema de centros tecnológicos estableciendo fuertes alianzas con otros centros, tanto de la red TECNIO como de la red CERCA, para poder hacer una oferta potente a las empresas en general, pero, sobre todo, a las Pymes. Innovaciones de los modelos de transferencia de la universidad a las empresas, como el que representa la Fundación CIT de la UPC, son un buen modelo a potenciar y a integrar en el conjunto del sistema.

Las universidades y las empresas quieren ser protagonistas en los proyectos del RIS3 en Cataluña. Es necesario resolver los problemas técnicos y legales actuales a través del dialogo de unas y otras con el gobierno. Algunas universidades, como la de Girona o la de Vic ya están jugando un papel protagonista. No obstante, ahora hace falta que el modelo se generalice al conjunto del sistema universitario catalán. La participación de las empresas en el RIS3CAT tiene, aún, problemas legales y financieros que es necesario afrontar a partir del diálogo que plataformas como CTI deberían tener con el gobierno de la Generalitat.

Se quiere dar una visión internacional a los proyectos RIS3, implicando a empresas y universidades de otros países europeos. RIS3CAT es una gran oportunidad para Cataluña, y los agentes públicos y privados de la cuádruple hélice lo han de saber aprovechar. Pero, teniendo en cuenta que el sistema de innovación y especialización catalán no es un sistema cerrado, sino que se trata de un sistema abierto a Europa y al mundo; es importante que aprovechemos esta característica e impliquemos universidades, empresas y centros de investigación de otros países para sumar esfuerzos en beneficio de la competitividad del país.

Queremos reforzar la conexión de las universidades y los centros tecnológicos con las empresas, estableciendo "ventanillas únicas" y activando las acciones comerciales de alto nivel profesional. Es necesario ir integrando una oferta de innovación a las empresas catalanas, de tal manera que éstas no tengan que ir peregrinando por los diferentes centros, sino que se faciliten las soluciones más adecuadas en cada caso. Esto no es fácil ni posible a corto plazo, pero hace falta dar pasos en este sentido. El actual sistema de evaluación del profesorado no estimula la transferencia a las empresas ni la participación del profesorado en centros tecnológicos y de investigación. Es necesario, por lo tanto, resolver este problema de manera que se incentive la transferencia sin perjudicar a la universidad ni a los profesores implicados. La carrera académica de un profesor universitario no se puede ver perjudicada por el hecho de que dedique tiempo a hacer proyectos para empresas. Por otro lado, las universidades que cedan investigadores a centros deberían poder incorporar estas actividades y resultados a sus resultados económicos y científicos.

Iniciativas como el Mobile World Congress o Smart Cities y las acciones que giran a su alrededor se consideran muy importantes para las empresas. Sin olvidar que también la universidad quiere incrementar su participación. Delante de la constatación de la importancia de estas iniciativas, se propone intentar activar este modelo a otras ferias que se celebren en Barcelona. ¿Cómo? Pasando de una feria que se celebra una vez al año, o cada dos años, a un programa de actividades permanente. Así, implicando empresas, desarrollando programas de innovación, estableciendo contactos durante todo el año, sería posible multiplicar el potencial innovador y la competitividad del país. En el debate, salió la propuesta de que este modelo se podría extender a exposiciones como Alimentaria o Construmat.

Hasta aqui los temas principales tratados durante el debate. Pero quiero terminar, poniendo sobre la mesa otras propuestas que no se trataron pero que creo que van en línea con el espíritu de la jornada. Una de ellas es la propuesta de preparar un informe anual sobre la competitividad de la economía catalana basado en los 25 indicadores del Innovation Scoreboard de la UE que se aplica a los estados. La finalidad del informe propuesto es permitir un análisis más ajustado de la realidad de la innovación en Cataluña, más la posibilidad que ofrece el hacer un análisis comparado con países de la dimensión del nuestro. Esta propuesta necesitará de la colaboración del IDESCAT (Instituto de Estadística de Catalunya). No es fácil, pero seguramente es posible, además de conveniente.

Una segunda propuesta consiste en plantear la necesidad de una mayor coordinación en el gobierno de Cataluña entre las políticas industriales y las del conocimiento, coordinando el conjunto del sistema de centros TECNIO, los centros CERCA y los centros de investigación de las universidades.

Si queremos hacer frente al reto de la competitividad que hoy tiene Cataluña, creo que el Gobierno catalan deberá tener muy en cuenta el debate que se dio en las Jornadas Cataluña Futura 2015 y las propuestas que surgieron en el mismo.

5.3

Innovación y modelos de negocio

A PARTIR DE SEPTIEMBRE DE 2015 LA CONSULTORA INNOPRO QUE PRESIDO, HA INICIADO UNA ALIANZA CON LA EMPRESA LOOP, DE LA QUE ESTAN EMERGIENDO BUENAS OPORTUNIDADES DE COLABORACION Y SINERGIAS IMPORTANTES EN EL TERRENO DE LA CONSULTORIA DE INNOVACION Y DE NUEVOS MODELOS DE NEGOCIO.

Destacaremos algunos aspectos de la metodología de Loop, después de lo cual terminaré con unas breves reflexiones personales.

Loop define su misión como: definimos nuevos modelos de negocio estructurando categorías de producto y servicio que se convierten en referentes de mercado.

En el libro de Loop *"La fórmula de la innovación"* se define la innovación como: *"Innovar es tomar conciencia de la propia trayectoria, observar el movimiento constante del conocimiento humano en sus distintos ámbitos. Detectar las confluencias que generan nuevas oportunidades y explotarlas de forma estructurada en su justo momento, para dar un salto cuantitativo y cualitativo"*. Lo podríamos resumir como: *"Partiendo de la cultura propia, una empresa debe incorporar conocimiento, aprender a detectar oportunidades y adquirir la sabiduría y la metodología necesarias que le permitan explotar esas oportunidades en el momento más oportuno por lo que se refiere a conseguir dar un salto delante de la empresa."* Este es el proceso de innovación de una empresa.

Esta filosofia se concentra en tres ideas:

- **Primera idea:** hacer más y mejor de lo mismo no permite avanzar y nos encerramos en nosotros mismos. Hacer más y mejor de lo mismo sólo aumenta provisionalmente la estabilidad y rentabilidad del negocio. Pronto se entra en una espiral que, a medio o largo plazo, acelera el proceso de extinción.
- **Segunda idea:** El loop evolutivo permite detectar y aprovechar nuevas oportunidades para dar un salto adelante con nuevos modelos de negocio. Un loop es un salto de control a una nueva generación de oportunidades de negocio después de un diagnóstico de la empresa y su entorno.
- **Tercera Idea:** Niveles de cambio. Se pueden producir cambios en los distintos niveles de la pirámide invertida del producto hasta la empresa. Se pueden mejorar los atributos del producto y/o servicio, y se pueden cambiar el producto o servicio, el modelo de negocio y el conjunto de la empresa.

Podemos producir cambios a cualquier nivel, siempre teniendo en cuenta los objetivos y la amplitud de enfoque: a mayor nivel, más trascendencia sobre la estrategia de la compañía.

Como síntesis de las ideas anteriores se afirma que las oportunidades de negocio se generan cuando se identifica el momento de convergencia entre fenómenos en los tres ámbitos pertinentes a la evolución de la empresa:

- **Sociedad y cultura:** es el factor de demanda, qué quiere una sociedad determinada en un momento concreto. Los factores culturales son esenciales y distintos en función del espacio y del tiempo. No es lo mismo en una ciudad o en una región que en otra, ni es lo mismo ayer que hoy que mañana. Hay que entender qué es lo que demanda la sociedad.

- **Economía y sociedad:** son los factores económicos tanto de demanda como de financiación. Es necesario hacerse preguntas como las siguientes: es posible pagar por esta innovación, se puede financiar el desarrollo de este proyecto, generará un cash-flow suficiente, tendremos acceso al capital, etc.

- **Tecnología y ciencia:** ¿es la posibilidad tecnológica, la solución que el mercado necesita y que está dispuesta a pagar por ello y a financiarla?, ¿es viable técnicamente? ¿Podremos aplicar la solución científica y tecnológica necesaria?

Solamente cuando los tres ámbitos se solapan, se produce la oportunidad que nos permite desarrollar un modelo de negocio viable. Si falla alguno de los tres ámbitos no es posible la innovación y es imposible que nazca un nuevo modelo de negocio.

Para detectar la oportunidad y poder desarrollarla en forma de un nuevo modelo de negocio, se utiliza una metodología propia contrastada en numerosos casos de éxito que consiste en la definición de mapas de enfoque y de escenarios, abriendo y cerrando el campo de visión, para acabar llegando a un plan de implementación del nuevo modelo de negocio.

Los tres factores clave de un nuevo modelo de negocio:

Como sabemos, la idea fundamental en la definición e implantación con éxito de un nuevo modelo de negocio es la que indica que son necesarios tres grupos de condiciones que deben reunirse simultáneamente: podríamos hablar del triángulo mágico de la innovación o del triángulo mágico de los nuevos modelos de negocio.

El primer vértice del triángulo está formado por el mercado, es decir, por la demanda: si nadie compra nuestra innovación ésta no existirá, va a fracasar. ¿Nuestra idea va a satisfacer una necesidad real del mercado al que nos dirigimos o no? El problema es: cómo detectamos esta necesidad potencial cuando ésta no es conocida todavía por nuestro cliente ni por nosotros mismos, es decir, cuando no está definida. En este caso lo que hay que hacer es dar la palabra a las personas, o a las empresas, dándoles (y dándonos) la oportunidad de que identifiquen oportunidades a partir de problemas o de retos y, también, a partir del cuestionamiento del *status quo*.

El segundo vértice lo forma el dinero, el capital, la capacidad de compra. Sin recursos económicos no habrá demanda solvente real ni financiación. Según la naturaleza de la innovación o del modelo de negocio, estos recursos económicos tendrán una u otra naturaleza y un volumen distinto, pero siempre deberá haber unos recursos que permitan financiar las actividades correspondientes.

El tercer vértice es la tecnología, los conocimientos necesarios para dar una solución técnica viable a las necesidades del mercado. En entornos académicos suele ser el vértice dominante con el riesgo de no tener suficientemente en cuenta los dos anteriores.

Este triángulo mágico es válido para definir nuevos modelos de negocio, y también para desarrollar estrategias de promoción de la emprendeduría en un territorio.

Desde las estrategias empresariales, y desde las territoriales, se deben reunir un conjunto de condiciones que hagan viable una oportunidad. Si no se dan estas condiciones, no se trata de una oportunidad real por lo que, tarde o temprano, la iniciativa acabará fracasando.

Desde la experiencia de empresas como Loop e Innopro, y con la referencia de éxitos y fracasos propios y ajenos, podremos ir avanzando en la mejor comprensión de la lógica y la dinámica de nuevos modelos de negocio como la base fundamental de la estrategia innovadora de las empresas.

5.4

Innovación e I+D, 2

EN ESTE MISMO CAPITULO, EN EL APARTADO DEDICADO A LA INNOVACIÓN E I+D, ANALIZÁBAMOS LA COMPLEJA RELACIÓN ENTRE INNOVACIÓN Y ACTIVIDADES DE I+D Y NOS REFERÍAMOS A DOS ESTUDIOS QUE TRATAN SOBRE ESTE TEMA, DEBIDOS A LA CONSULTORA BOOZ ALLEN HAMILTON (*http://www.boozallen.com*).

La conclusión era que las actividades de I+D no son un elemento fundamental de la capacidad innovadora de las empresas. Los factores que deciden la capacidad innovadora de las empresas se encuentran entre sus componentes culturales y sus formes organizativas, la forma en que las empresas gestionan la innovación.

Las actividades de investigación y desarrollo, sean internas o externas, serían un factor de acompañamiento en aquellos casos en que, por el sector de actividad o por otras razones de la competencia, fueran necesarias. Por otro lado, debemos saber que en los casos donde haga falta el acceso a capacidades de I+D, podemos y hemos de acceder al ecosistema de innovación global, además de utilizar las capacidades internas propias.

Ahora ampliaremos esta reflexión a partir de un informe de la consultora Doblin (_www.doblin.com_) _"On innovation Effectiveness March 2006"_, en el que se destaca la importancia de los modelos de negocio o los factores relacionados con el delivery por encima de otros factores como el desarrollo del producto, que es donde se suelen dedicar más recursos. También se puede ver en: _http://www.huffingtonpost.com/ robert-f-brands/redefining-innovations-tr_b_658704.html_ .

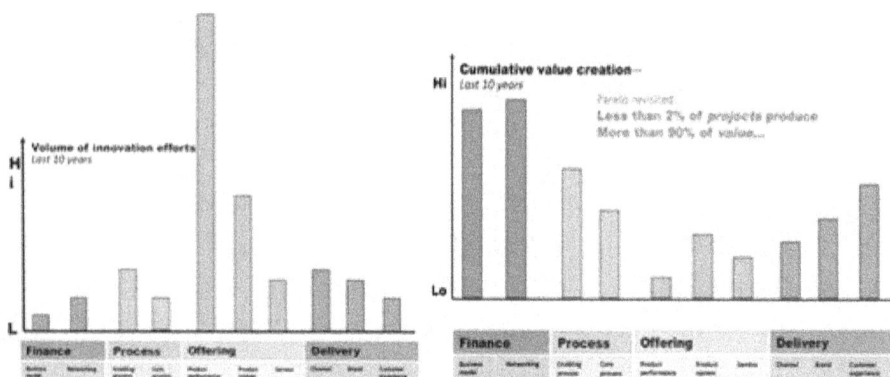

Si analizamos la primera figura, veremos que los esfuerzos en innovación se concentran, sobretodo, en la oferta y, más concretamente, en el desarrollo del producto. Muy pocos recursos se dedican a los otros tres capítulos en que los autores han dividido el análisis de los recursos o esfuerzos dedicados a la innovación: al capítulo de finanzas, formado por el modelo de negocio y el networking, al de proceso, distinguiendo entre enabling process y core process, o al de delivery, que dividen entre canal, marca y experiencia del cliente.

No entraremos en la metodología utilizada por este estudio, siempre discutible, ni el criterio utilizado para evaluar los recursos destinados a cada uno de los capítulos, a menudo difícil de cuantificar y de comparar entre empresas diferentes. Lo daremos por bueno, pues lo que nos interesa aquí es valorar el contraste entre recursos y resultados.

Los resultados se representan en la figura de la derecha, donde observamos que el valor se crea en otras funciones o capítulos, como en primer lugar, en las finanzas, donde destaca el networking, seguido muy de cerca por el modelo de negocio. Vemos que son dos factores críticos del éxito de una innovación, directamente relacionados con la estrategia y la gestión de la empresa y no con actividades de I+D relacionadas con nuevos productos. El potencial innovador de las empresas y, por lo tanto, su futuro, están muy relacionados con factores como la capacidad de desarrollar nuevos modelos de negocio y de fomentar el networking con otros agentes del sistema.

El capítulo de finanzas es seguido por el de proceso y el del "*delivery*" con resultados similares, que se divide entre canal, marca y experiencia del cliente. En el de proceso destaca "*enabling process*" y en el de "*delivery*", la experiencia del cliente. Esto significa, que la eficiencia de los recursos destinados a la innovación de proceso y al análisis y seguimiento de la experiencia del cliente, es mucho más importante que la dedicada al desarrollo de producto, sin que esto signifique que no hemos de ir mejorando las prestaciones del producto; pero siempre en sintonía con los otros factores que serían los elementos tractores de una estrategia de innovación de una empresa.

Algunas conclusiones para la empresa:

A partir de los datos anteriores, puede ser que haga falta situar los esfuerzos de las empresas más aguas arriba (modelos de negocio) y aguas abajo (comercialización) de lo que se está haciendo actualmente. La segunda conclusión que propongo es que se midan los esfuerzos y resultados para ver donde son más eficientes en nuestro caso, adaptando el cuadro anterior a nuestra situación. Finalmente propongo reflexionar sobre la importancia de generar nuevos modelos de negocio como un factor fundamental del potencial de crecimiento de la empresa.

Algunas ideas para las políticas públicas: en este caso, nos deberíamos preguntar sobre la eficiencia de los recursos públicos destinados al fomento de la innovación. En un país con tan poca tradición en la evaluación de estas politicas, seguramente cuando comencemos a medirlas, nos quedaremos sorprendidos sobre la poca incidencia de las políticas públicas, en este caso dedicadas a la innovación, sobre los resultados de las empresas. La primera, y de momento, única, recomendación, es: midamos y adecuemos las futuras políticas a la evaluación de los resultados.

5.5

Tipos
de Innovación

EN ESTE MISMO CAPÍTULO DEDICADO A LA
INNOVACIÓN Y A LA I+D HEMOS ANALIZADO LA
RELACIÓN COMPLEJA ENTRE LA INNOVACIÓN Y
LAS ACTIVIDADES DE I+D Y NOS HEMOS REFERIDO
A DOS ESTUDIOS QUE TRATAN ESTE TEMA, DE LA
CONSULTORA BOOZ ALLEN HAMILTON
(_WWW.BOOZALLEN.COM_).

Hemos visto que las actividades de I+D no son el elemento fundamental de la capacidad innovadora de las empresas. Los factores que deciden la capacidad innovadora de una empresa se encuentran entre sus componentes culturales y las metodologías que se apliquen en la organización, la forma en que las empresas gestionan la innovación.

Posteriormente, ampliábamos la reflexión a partir de un informe de la consultora Doblin (_www.doblin.com_) *"On Innovation Effectiveness March*

2006", en el que se destaca la importancia de los modelos de negocio y los factores relacionados con el *"delivery"* por encima de otros factores como el desarrollo del producto, que es donde, por el contrario, se suelen dedicar más recursos.

Ahora veremos diferentes tipos de innovación, en el mismo sentido anterior; a menudo las innovaciones no se originan a partir de las actividades de investigación, sino de las propias estrategias innovadoras de las empresas. En el cuadro resumen que sigue, clasificamos las innovaciones en cinco categorías y en doce tipos:

Categoría	Tipo de innovación	Descripción	Ejemplos
PROCESOS	1. Gestión de procesos	Como dar soporte a los procesos clave de la empresa y de sus trabajadores	Starbucks
	2. Procesos clave	Como crear y agregar valor a su oferta	Zara, Mango
	3. Redes y alianzas	Como concentrarse en el core business y externalizar otras operaciones	Philips
PRODUCTO	4. Prestaciones de los productos	Como diseñar su oferta clave	Apple
	5. Sistema de productos	Como estructurar una plataforma de múltiples productos	Microsoft
	6. Servicios	Como proveer valor a los clientes alrededor y más allá de los productos	IBM, Singapore Airlines
DISTRIBUCIÓN	7. Canal	Como acceder sus ofertas al mercado	Zara, Dell
	8. Marca	Como comunicar sus ofertas	Nike, Mango
	9. Experiencia del cliente	Como se siente el cliente cuando interactúa con la empresa y su producto	AUDI, Apple, Google, Harley Davidson
FINANZAS	10. Gestión financiera	Como anticipar cobros y gestionar mejor el circulante	Dell
MODELOS DE NEGOCIO	11. Diversificación	Como desarrollar nuevas líneas de producto a partir del know-how actual	Tarradellas
	12. Cambio radical	Como atender nuevos mercados y virar hacia Blue Oceans	Cirque du Soleil, Ryanair, Southwest Airlines

1. **Innovaciones de proceso:** distinguiremos tres tipos de innovaciones de proceso, las basadas en la gestión de procesos, las que se centran en los procesos claves y las basadas en redes y alianzas.
2. **Innovaciones de producto:** las que centran la innovación en las prestaciones del producto, las que consideran un sistema de productos relacionados y las centradas en los Servicios Asociados a los productos.

3. **Innovaciones en la distribución:** distinguiendo entre canal, marca y experiencia del cliente.
4. **Innovaciones relacionadas con las finanzas:** la gestión financiera por ser una fuente importante de innovación de una empresa, por ejemplo, optimizando la gestión del circulante.
5. **Innovaciones en el modelo de negocio:** por la vía de la diversificación o de un cambio radical en el modelo de negocio.

Para cada uno de los 12 tipos de innovación que se presentan, se ha hecho una breve descripción y se ponen algunos ejemplos. Después del cuadro resumen, destacaremos algunos:

Los casos de Zara, o Inditex, y Mango corresponden al tipo de innovación centrado en los procesos clave, que consiste en crear y agregar valor a su oferta mediante la concentración de la innovación en aquellos procesos críticos que añaden valor al cliente y beneficios para la empresa, en el sentido de la definición de Carlson. En este caso los procesos clave son el diseño, el control de toda la cadena de valor y la logística y la distribución. El uso intensivo de las tecnologías de la información en estos procesos críticos, junto con la creatividad en el diseño serían pues los elementos clave de este tipo de innovación que ha llevado a estas dos empresas a ser líderes mundiales en su sector.

En la categoría de innovaciones de producto, los casos de Apple, Microsoft e IBM son suficientemente conocidos en cuanto a su capacidad para diseñar una oferta clave para el cliente masivo en cada momento, para estructurar una plataforma de múltiples productos relacionados, y para generar valor para el cliente, más allá de los productos con un conjunto de servicios asociados. Para una mayor comprensión de este tipo de innovaciones de producto os remito al libro de Enric Barba: *Innovación 100 consejos para inspirarla y gestionarla*, editorial Libros de Cabecera, 2011.

En cuanto a las innovaciones en la distribución son bien conocidas las estrategias de canal de distribución de Zara y de Dell, distintas pero ambas eficaces para sus productos y mercados respectivos. También es conocida la estrategia de marca de Nike. ¿Qué es Nike?, una marca de prestigio mundial. Finalmente, ¿qué son Audi, Apple o Harley Davidson?, ¿un objeto físico o una experiencia única para el cliente?. La innovación en estos casos se centra en reforzar los sentimientos —el *feeling*— del cliente cuando utiliza uno de estos productos. Algunos anuncios de estas marcas van en el sentido de reforzar este feeling esta experiencia, toda vez que no te invitan a ir en moto o en coche sino a vivir una experiencia única y distinta a las demás.

En la gestión financiera la empresa Dell fue capaz de maximizar el tiempo transcurrido entre el cobro del producto y su suministro, manteniendo sus ventajas comparativas en cuanto a los costes de distribución.

Finalmente en la innovación en el modelo de negocio, durante los últimos años se ha avanzado mucho en este aspecto pero destacaríamos algunos clásicos. En la estrategia de diversificación destacamos una empresa catalana del sector alimentario, Tarradellas, que en su momento supo innovar pasando del modelo de negocio tradicional del sector de productos cárnicos a la producción masiva de pizzas distribuidas a través de los centros comerciales, entendiendo una tendencia social solamente emergente cuando tomaron la decisión de innovar en este sentido. Esta decisión les permitió dar un salto cuantitativo y cualitativo dentro de su sector, reduciendo el riesgo de una concentración excesiva en una sola familia de productos.

En cuanto a los nuevos modelos de negocio que representan un cambio radical del sector de actividad tradicional son conocidos los casos del Cirque de Soleil, en donde se reinventa una actividad tradicional como el circo integrándola con elementos propios de otras disciplinas artísticas como el teatro, la danza y la música con el éxito de todos conocidos. Otro caso es el de Ryanair y casos posteriores redefiniendo el sector tradicional de las compañías aéreas hacia la nueva tendencia de las "low-cost".

Hemos visto que existen muchas formas de innovar. Hemos destacado hasta 12 tipos pero se podrían ampliar. En Innovación, la clave es tener la capacidad de entender cuál es la forma más adecuada de innovar, según el sector de actividad y las condiciones de la competencia.

5.6

Ciencia, Tecnología y frustración

EN POCOS DÍAS TUVE LA OPORTUNIDAD DE CONOCER DOS SITUACIONES DISTINTAS, AMBAS RELACIONADAS CON LA CIENCIA. EN LA PRIMERA ANTONIO PARENTE, CIENTÍFICO Y EMPRESARIO DEL SECTOR DE LA BIOTECNOLOGÍA, NOS EXPLICÓ SU EXPERIENCIA PROFESIONAL Y VITAL. LA SEGUNDA SITUACIÓN ES LA QUE SE OFRECÍA EN *LA VANGUARDIA* DEL 11 DE OCTUBRE Y LLEVABA POR TÍTULO: *"50 MILLONES PARA I+D TIRADOS. EL INSTITUTO DE MEDICINA MOLECULAR DEL CSIC, ABANDONADO DESDE EL 2011"*. ESTA INFORMACIÓN SE COMPLETABA CON LOS ARTÍCULOS DE DOS INVESTIGADORES, QUE MOSTRABAN SU FRUSTRACIÓN ANTE LA SITUACIÓN DE LA CIENCIA EN ESPAÑA.

El primero, Antonio Parente es doctor en ciencias químicas e inició su actividad profesional en un centro de I+D. Al observar las limitaciones de la ciencia en España, decidió reorientar su profesión creando su propia empresa, actividad a la que se ha dedicado durante los últimos 30 años. Durante este tiempo ha creado varias empresas entre las que destaca el grupo Lipotec que en poco tiempo se ha posicionado como uno de los mayores expertos en el desarrollo de ingredientes activos para el cuidado de la piel y el cabello con reconocido prestigio en todo el mundo. Fundada en 1987 en Barcelona, Lipotec es desde el 2012 parte de *The Lubrizol Corporation*, una empresa de *Berkshire Hathaway*.

Más recientemente *Lipotec y Active Organics*®, empresa del grupo líder en el desarrollo de extractos naturales e ingredientes botánicos, se han fusionado en un único equipo con el objetivo de ofrecer a la industria cosmética una cartera de productos lo más completa posible.

Durante su participación en las comidas que celebramos el *Grup BEI* (Barcelona Economia e Innovación), y en las que solemos invitar a personas que impulsan proyectos relevantes para el país, nos regaló con su rica experiencia empresarial en la creación y desarrollo de empresas con una fuerte base en la I+D y en la innovación.

Después de escuchar a Antonio y a personas como él, uno piensa ¿porqué no hay más personas con la capacidad de iniciativa y la ilusión para crear nuevas empresas que generan valor y que crean puestos de trabajo altamente cualificados?. No todos los científicos pueden ni deben optar por la carrera empresarial que en su día tomó Antonio, pero seguramente sería bueno que cundiera su ejemplo.

Política científica: 50 millones tirados

En el citado artículo de *la Vanguardia* se exponía la situación del edificio del Instituto de Medicina Molecular situado en el campus de la Universidad de Alcalá de Henares. Se trata de un proyecto del CSIC de 2005 situado en una parcela de más de 5 Has, en las cuales se construyó un edificio majestuoso que debía albergar unos 600 investigadores que debían trabajar en el ámbito de las enfermedades inmunológicas, inflamatorias y del envejecimiento.

Naturalmente la foto de la primera piedra apareció en todos los medios de comunicación en 2008 con las autoridades del momento. Cristina Garmendia ministra de Ciencia e Innovación, el presidente del CSIC Rafael Rodrigo, el rector de la Universidad y otras autoridades. Todos contentos y sonrientes por el brillante futuro que esperaba al nuevo edificio que se terminó en 2011, con una inversión de unos 50 millones de euros, y se entregó al CSIC. Estábamos en plena crisis y los recortes presupuestarios impidieron tirar adelante el proyecto, pero el edificio ya estaba terminado y pasaba a engrosar la larga lista de grandes obras de la España de la época, símbolo de un país que había perdido el norte con una economía con pies de barro.

Este edificio ha pasado a engrosar la España de los edificios vacíos o a medio terminar, de los aeropuertos sin aviones, de las líneas de AVE que hay que cerrar o que, haciendo trampa en los costes contables se mantienen con enormes déficits reales o de las autopistas de peaje que hay que rescatar.

Y no pensemos que esto es un tema del pasado que ya hemos superado. Todavía está en el ejercicio de su cargo una ministra que manifestó que *"el AVE es un derecho de todos los españoles"*. Pero no de los alemanes o de los británicos, claro, ellos creen que no se lo pueden permitir, pobrecitos.

Muchos científicos frustrados

En las mismas páginas que se daba cuenta de la noticia del edificio vacío, dos científicos mostraban su frustración por el estado de la ciencia en España. Un autor anónimo bajo el blog de título *"Another day in the lab"*, hacia afirmaciones tan rotundas como:

> *"Siento asco. Asco de vivir en un país sin oportunidades, en un país de engaños y mercadeos, en un país donde se premia lo más patético de nuestra sociedad en Gran Hermano y se castigan a los estudiantes más valiosos en nuestras universidades…"*

Y asi seguía mostrando asco por tener que andar pidiendo ayuda pora poder investigar dignamente.

Explicaba su trayectoria académica de quince años en la universidad autónoma de Madrid, con grandes esfuerzos y con un curriculum brillante, después de los cuales manifestaba sentir *"…un profundo asco por esta institución"*. También enumeraba algunas de las miserias diarias con que se encuentran como investigadores y terminaba el artículo reiterando su sentimiento hacia el estado de la ciencia en España. Decia, *"Siento asco. No hay ningún otro nombre: esto es una puta mierda".*

Contundente alegato de una persona que inició una carrera profesional en el mundo de la ciencia, con un brillante curriculum académico, con la ilusión de poder trabajar en su vocación, no importaba el esfuerzo que habia que hacer. Y se encuentra con una realidad frustrante que le lleva a tirar la toalla y manifestar urbi et orbe su profunda frustración.

Por su parte, Anni Machordon en un artículo de título *"No entienden nada"*, manifestaba su *"desconcierto"* ante la situación actual. Y acababa el artículo: *"Uno se puede ajustar el cinturón, …..pero lo que no se puede es pararlo todo esperando que no pase nada. Esto no funciona así. Es inviable".*

Se supone que los que no entienden nada son los políticos del gobierno, políticos que han puesto los partidos que han sido elegidos por los ciudadanos. ¿Qué es lo que no funciona? ¿El gobierno, los partidos eligiendo a sus cargos incompetentes?, ¿la sociedad votando a partidos que no saben liderar las políticas que necesita el país?, ¿un poco todos?

Esto duele y nos debería mover a la reflexión para corregirlo en lo posible. No nos podemos permitir el lujo de frustrar la carrera y la vida de jóvenes brillantes que el país necesita. Algo falla aquí y hay que corregirlo con urgencia.

Algunas lecciones

Os propongo tres flashes para la reflexión. Un científico que se reinventa de empresario y que consigue tirar adelante sus proyectos creando empleo y riqueza para el país. Un gobierno que, con la complicidad de otras instituciones malgasta millones en edificios e instalaciones que no se usan. Unos científicos brillantes que muestran su frustración y su desconcierto hacia la situación actual.

Solamente pretendo mover a la reflexión, la situación es muy compleja y creo que no admite simplificaciones apresuradas. Si nos ponemos a hablar de culpas, ¿toda la culpa es de los políticos, o estos son el resultado de una sociedad mediocre? ¿Cuántos minutos aguantaría en su cargo una ministra como la de fomento con manifestaciones como las citadas, en un país como Alemania o Gran Bretaña? Sin embargo, aquí siguen inaugurando obras de las que no se tiene la más mínima idea sobre su rentabilidad social ni se ha hecho el más mínimo análisis coste-beneficio. Y la sociedad lo aguanta y algunos les ríen las gracias.

Para hoy es suficiente pero otro día nos plantearemos otras preguntas como:

¿Se puede fomentar el espíritu i la capacidad emprendedoras entre los científicos?, ¿podemos aprender de la experiencia de personas como Antonio Parente y otros?.

¿La oferta de educación superior se corresponde con una estrategia de especialización productiva aún por definir?. ¿Cuál es la política industrial de este país y que reflejo tiene en la oferta educativa?.

¿Podemos intentar generar una oferta educativa que permita reconvertir científicos que no encuentran trabajo en tecnólogos que sí necesitamos?.

No se si es posible o no arreglar todo esto, pero lo que si se, es que no podemos seguir provocando frustración en miles de jóvenes.

CAPÍTULO 6:

Estrategia

6.1

Algunas reflexiones sobre estrategia.

DE LA RELECTURA DEL MAGNÍFICO LIBRO DE RICHARD RUMELT *"GOOD STRATEGY BAD STRATEGY"* EN EL MARCO DEL MASTER MBI (*MASTER IN BUSINESS INNOVATION*) DE LA UPC QUE DIRIJO, QUISIERA RESUMIR ALGUNAS IDEAS PARA PONER A LA CONSIDERACIÓN DEL LECTOR.

No se trata de especulaciones conceptuales sino de criterios prácticos dirigidos a la acción para intentar hacer la gestión de proyectos y de organizaciones más eficaz y más eficiente.

Como afirman en la presentación del libro de Rummelt, algunos ilustres autores como Gary Hamel entre otros: *"la esencia de la estrategia es una clara y diferenciada visión que da soporte a unas acciones potentes y coherentes"* o también *"una estrategia es realmente sobre la acción"*. Una estrategia no es un power point bonito y bien intencionado. Debe terminar siempre en un Plan de Acción y con unos objetivos coherentes, ordenados y cuantificados.

Pero a menudo se hace un mal uso y abuso de la palabra estrategia. Parece que toda organización pública y privada debe tener un plan estratégico en forma de power point. No hace mucho tiempo un conocido me enseñaba satisfecho el plan estratégico que acababa de presentar a un cargo político importante del país. El referido plan era una serie de formulaciones de objetivos galácticos formulados con muchas palabras en inglés. Al final de su entusiasta presentación le pregunté: *"¿y ahora qué?"* Y me contestó, *"pues muy fácil, ahora contratar a alguien que lo saque adelante"*. Muy fácil. Huelga decir que el referido documento ha sido debidamente archivado y no se ha hablado más.

Hay que recuperar pues el sentido de la formulación de la estrategia de una organización, cosa que creo que hace Richard Rummelt en su libro. Como afirma el propio autor: *"El núcleo del trabajo estratégico es siempre el mismo: descubrir los factores críticos en una situación y diseñar la forma de coordinar y focalizar las acciones que correspondan a estos factores"*. Se podría ordenar pues el proceso de definición estratégica de un proyecto o de una organización en tres etapas:

1. **Análisis y diagnóstico de la situación:** cuál es la situación de partida, con realismo y sin triunfalismos. Hay que acordar de forma participativa donde estamos, cuáles son nuestras fortalezas y nuestras debilidades internas. Y qué oportunidades y amenazas nos ofrece el mercado y el entorno económico, institucional, social etc.

2. **Definición de retos y objetivos estratégicos:** como conclusión del diagnóstico anterior resultarán los retos a los que tenemos que hacer frente en los próximos años, de los que saldrán los objetivos a alcanzar a corto, medio y largo plazo.

3. **Plan de Acciones:** de cada objetivo podrá salir un conjunto de acciones para alcanzar este objetivo. Con indicadores y responsables de cada acción y con los recursos de todo tipo necesarios para llevarlas a cabo. Por último, no lo dice el autor pero me parece importante, deben establecerse sistemas

regulares de revisión mediante herramientas como el conocido ciclo de Deming.

Nuestro amigo del power point, no había hecho un análisis riguroso y había saltado directamente a los objetivos galácticos, sin llegar al plan de acciones y a todo lo que se deriva como sistema de gestión de todo en conjunto. Si un supuesto Plan Estratégico no incorpora estos tres elementos de forma solvente y realista, puede ser un ejercicio especulativo más o menos brillante, pero no sirve para ordenar la acción y lograr los resultados esperados. Pero también quisiera destacar que, el seguimiento de las tres etapas no es garantía de una buena estrategia como nos indica Rummelt. Se seguirá el método, pero hay que hacerlo bien.

El autor afirma también que son más frecuentes los casos de *"Bad strategies"* que de *"Good Strategies"* y pone cuatro ejemplos o tipos de los primeros. Son los siguientes:

- **"Fluff"**: es el caso que hemos explicado en páginas anteriores. El autor dice que utilizan *"Sunday words"* o palabras "hinchadas" e innecesariamente complicadas que un auditorio normal no entiende pero puede pensar que "este tío sabe mucho". A menudo utilizan tanto palabras como "*Smart*" (hoy todo tiene que ser smart, desde una ciudad hasta un teléfono o una caja) o "*growth*" o "*ecosystem*" que acaban perdiendo su significado. Se utilizan conceptos esotéricos para dar sensación de un pensamiento de alto nivel.
- **Error al identificar los retos o los factores críticos:** las malas estrategias a menudo fallan en el reconocimiento o la definición de los retos. Si uno no es capaz de definir correctamente los retos, no podrá definir, evaluar y mejorar una estrategia.
- **Confundiendo objetivos por estrategia:** muchas malas estrategias son buenos deseos pero no planes de acción para superar los retos y los obstáculos que se presentan.
- **Objetivos estratégicos erróneos:** un objetivo estratégico es establecido por un líder como un medio para una finalidad concreta. Los objetivos estratégicos son "malos" cuando se equivocan al actuar sobre los factores críticos o cuando no son realistas e impracticables.

Algunas reflexiones a modo de conclusiones: propongo al lector reflexionar sobre los siguientes puntos.

¿Hay que formalizar una estrategia como propone Rummelt o con una intuición y actuar por prueba y error es suficiente? Muchas personas han creado grandes organizaciones de éxito sin necesidad de hacer análisis formal, ni definir objetivos ni hacer un cuadro de indicadores. ¿Es posible mantener el éxito en el tiempo sin compartir una estrategia formal?.

¿Cómo podemos identificar una "mala estrategia"? seguramente los ejemplos que propone Rummelt pueden ayudar en este sentido.

¿Con una buena definición estratégica ya tenemos suficiente? O debemos reiterar el proceso en el tiempo modificando cuando sea necesario las estrategias iniciales?

Propongo aplicar los criterios de Rummelt y, sobre todo, no parar de aprender de la experiencia práctica del día a día.

6.2

Estrategia RIS3, una gran oportunidad

EN LA CUMBRE DE LISBOA DE MARZO DE 2000, LOS JEFES DE ESTADO Y DE GOBIERNO EUROPEOS, ACORDARON UN NUEVO OBJETIVO ESTRATÉGICO PARA LA UNIÓN EUROPEA: TRANSFORMARLA EN LA ECONOMÍA MÁS COMPETITIVA DEL MUNDO EN 2010. CONSTATADO EL FRACASO DE ESTA ESTRATEGIA, EL CONSEJO EUROPEO DE DICIEMBRE DE 2009 PLANTEÓ LA REVISIÓN DE LA ESTRATEGIA DE LISBOA, TOMANDO COMO PUNTO DE PARTIDA EL IMPACTO DE LA CRISIS Y LOS RETOS DEL FUTURO DE LA UE. RESULTADO DE ESTA REVISIÓN, SE APRUEBA UNA NUEVA ESTRATEGIA POLÍTICA LLAMADA *"EUROPA 2020".*

Las tres prioridades de la estrategia Europa 2020

La nueva estrategia Europa 2020 marca tres prioridades de las políticas de la UE: el Crecimiento inteligente, basado en el conocimiento y la innovación. El Crecimiento sostenible, promocionando una gestión de los recursos más eficiente y una economía verde y competitiva. Y el Crecimiento inclusivo, desde el fomento de una economía con alto nivel de empleo que genere cohesión económica, social y territorial.

En este nuevo marco de referencia, se aprueban unos nuevos objetivos de la Política de Cohesión, que se ejecuta a través de los Fondos Estructurales que representan aproximadamente una tercera parte de todo el presupuesto comunitario para el período 2014-20.

Resumiendo, con la nueva Política de Cohesión se trata de orientar las acciones a resultados, y no a gasto, de maximizar el impacto de la financiación de la Unión Europea, "hacer más con menos"; invertir más en innovación y en las personas y empresas (no más "ladrillo") y de centrar las acciones en la investigación y la innovación, en la eficiencia energética y en la ocupación.

Por otra parte, las regiones "más desarrolladas" como Cataluña, deben concentrar un mínimo del 80% de los recursos en los cuatro primeros objetivos que son:

*   **Primero:** potenciar la I+D+i
*   **Segundo:** Mejorar el uso y la calidad de las TIC y su accesibilidad
*   **Tercero:** Mejorar la competitividad de las PYMES
*   **Cuarto:** Favorecer el paso a una economía de bajas emisiones de carbono.

Una nueva política de innovación para Europa: RIS3

Para el logro de los objetivos referidos, se define una nueva estrategia llamada RIS3 (*Research and Innovation Strategy for Smart Specialization*) como una agenda de transformación económica integral de ámbito territorial, basada en la innovación, la investigación y la colaboración entre agentes de la cuádruple hélice. O sea, entre administración pública, empresas, ámbitos del conocimiento y elementos de la sociedad civil. Las regiones europeas han de definir su estrategia RIS3 y aplicarla a los proyectos que se financien con los Fondos Estructurales europeos (Feder, FSE, Feader y FEP).

Para generar, evaluar y seleccionar los proyectos y programas a financiar por fondos europeos, se aplica esta nueva estrategia, también llamada de Especialización Inteligente, con los siguientes elementos básicos:

- Centrar las actuaciones en algunas prioridades clave (típicamente sectores, retos, tecnologías particulares) para un desarrollo basado en el conocimiento.
- Construir sobre los activos y fortalezas existentes, explotando las ventajas competitivas con suficiente masa crítica y los potenciales de excelencia internacional.
- Involucrar centralmente a todos los agentes y actores de la cuádruple hélice para generar iniciativas y dinámicas colaborativas.
- Basar la estrategia en la evidencia empírica y establecer fuertes sistemas de gestión, seguimiento y evaluación de las actuaciones y resultados.

La Estrategia Europa 2020 y los criterios de la nueva política regional Europea que representa RIS3, son la gran oportunidad para la industria catalana y para el futuro de nuestra economía. En este marco, el pasado mes de febrero de 2014, el Gobierno de la Generalitat aprobó la llamada RIS3CAT marcando el camino a seguir durante los próximos años.

RIS3CAT una gran oportunidad.

La estrategia de especialización inteligente de Cataluña RIS3CAT representa la adaptación a la realidad catalana de la nueva política regional de la UE.

Esta nueva estrategia de especialización de la economía catalana, se ha definido siguiendo los criterios de la UE, empezando por un análisis estratégico que tiene por resultado la formulación de cuatro objetivos:

1. Reforzar la competitividad del tejido empresarial catalán mediante la mejora de la eficiencia de los procesos productivos, la

internacionalización y la reorientación de los sectores consolidados hacia actividades de mayor valor añadido.

2. Potenciar nuevas actividades económicas emergentes a partir de la investigación y la innovación para crear y explotar nuevos nichos de mercado.

3. Consolidar Cataluña como polo europeo de conocimiento y conectar las capacidades tecnológicas con los sectores existentes y emergentes del territorio.

4. Mejorar globalmente el sistema innovador catalán.

Para la aplicación práctica de la nueva estrategia se proponen diferentes instrumentos de actuación, entre los que cabe destacar por su novedad los llamados PECT (Proyectos de especialización y competitividad territorial). Son agendas territoriales que tienen la R+D+i como motor de transformación económica. Se concretan en: la identificación de los retos estratégicos de un territorio concreto, la definición de una visión de futuro compartida por los agentes del territorio, una apuesta de especialización inteligente basada en la R+D+i que encaja con los objetivos y las prioridades de especialización temáticas de la RIS3CAT y, finalmente, un plan de acción. Considerando que una de las condiciones de la UE es la llamada "masa crítica", los territorios considerados deben tener una dimensión importante que permita acciones de gran alcance y resultados significativos para la economía. Se rompe así la lógica dispersa en centenares de municipios que ha sido la tónica de los Fondos estructurales hasta ahora.

¿Quién es ahora el agente principal de la nueva política ?. La respuesta la encontramos en la propia UE cuando insiste en el papel de la llamada "cuádruple hélice", formada por administración, empresas, universidades y sociedad civil.

Por un lado la Generalitat liderando el proceso y por otro la Administración local liderando y participando en estrategias territoriales. Ayuntamientos, Consejos Comarcales y Diputaciones deberían jugar un papel fundamental en la definición e impulso de estrategias de especialización territorial, integrando el conjunto de los agentes públicos y privados de sus territorios.

6.3

Emprendeduria, Innovación y Modelo de Negocio(ABC)

ALGUNAS DE LAS PALABRAS MÁS REPETIDAS ÚLTIMAMENTE EN EL MUNDO DE LA POLÍTICA Y DE LA ECONOMÍA SON INNOVACIÓN Y EMPRENDIMIENTO. PARECE CLARO QUE EL FUTURO DE NUESTRO PAÍS DEPENDERÁ DE CÓMO SEPAMOS LLEVAR A LA PRÁCTICA ESTOS DOS CONCEPTOS. DE CÓMO SEPAMOS INNOVAR Y DE CÓMO SEPAMOS EMPRENDER NUEVAS EMPRESAS. NOS REFERIREMOS A UN ASPECTO DE LA EMPRENDEDURÍA, EL QUE CONECTA CON LA INNOVACIÓN. HABLAREMOS DE CÓMO PODEMOS INNOVAR EN UN MODELO DE NEGOCIO, DE CÓMO PODEMOS PASAR DE UN PLAN A A UN PLAN B, PUES DE ESO SE TRATA.

Comenzaremos afirmando que la mayoría de iniciativas de nuevas empresas fracasan y que la causa principal de este fracaso se encuentra en la dificultad de innovar en el modelo de negocio.

Que la mayoría de nuevas empresas fracasan lo podemos constatar con una simple observación de la realidad. Algunas ya no pasan del plan de negocio porque se quedan por el camino de buscar financiación. Otros nacen precariamente con las 3 F (*Family, Friends and Fouls*) pero no pasan de la infancia o se quedan en un estado zombi sin crecer, sólo sostenidas por el entusiasmo y la ilusión del emprendedor que las mantiene vivas por sentimentalismo o como una solución de autoempleo. Es una obviedad suficientemente contrastada empíricamente, que durante los últimos diez o quince años en Cataluña, la mayoría de las *start-ups* innovadoras nacidas de procesos de emprendimiento de las instituciones (administraciones, universidades) no han crecido y no han pasado de un millón de euros de facturación.

Las causas de este "raquitismo" emprendedor son variadas y tienen que ver con la inexistencia de un ecosistema emprendedor.

Pero más allá de este hecho básico de entorno, una de las causas principales del "raquitismo" emprendedor se encuentra en la incapacidad para innovar en el modelo de negocio. El emprendedor a menudo se enamora de su idea inicial y la convierte en dogma de su vida. El Plan A se convierte en el plan definitivo y final sólo por la razón de que es el objeto del amor de su creador. Si observamos los casos de éxito de proyectos emprendedores de todo el mundo, veremos que una de las características principales es que han sabido evolucionar la idea inicial adaptando el modelo de negocio a las circunstancias de cada momento. La razón de la evolución y adaptación no se encuentra sólo en el hecho de que las circunstancias cambian, sino en que a menudo la experiencia práctica demuestra que el Plan A es erróneo y que, por tanto, hay que innovar este primer modelo hasta encontrar la fórmula adecuada, es decir, la fórmula que funciona.

Recomiendo un libro que trata de este tema: *"Mejorando el modelo de negocio. Cómo transformar su modelo de negocio en un plan B viable"*, de John Mullins y Randy Komisar. Los autores afirman que: *"Nuestro supuesto de trabajo es que una parte o todo el Plan A es erróneo. Al testar sistemáticamente una serie de hipótesis, el empresario o el ejecutivo con conocimiento y experiencia identifican un Plan B mejor, o, finalmente, un Plan Z mejor, a través de la experimentación, y no de la persuasión exaltada".*

Se nos recomienda, pues, experimentar continuamente para ir adaptando nuestro plan inicial a partir del resultado de la experimentación práctica. Debemos empezar el experimento con la convicción de que el Plan inicial será erróneo. Y eso no es fácil. Debemos empezar con la mentalidad de poner constantemente en cuestión nuestra idea inicial. Debemos convertir nuestro amor por una idea inicial débil en un amor por la capacidad de evolucionar esta idea hasta convertirla en algo sólido, por más que el resultado ya no lo sentimos exclusivamente nuestro. Porque no ha de serlo: es nuestro pero también del equipo y del mercado que ha ayudado a darle la forma adecuada, la forma que funciona.

Los autores del libro proponen un proceso, un camino, para testar de forma rigurosa y sistemática nuestro querido Plan A. Y como buenos profesores lo hacen por la vía de la práctica presentando 20 casos reales de empresas que siguieron procesos de cambio con éxito del Plan A al B y, si es necesario, hasta el Z.

¿Por qué es probable que el Plan A no funcione?

Según diferentes estudios sobre el éxito y el fracaso de nuevos productos, hacen falta 58 nuevas ideas para obtener un solo producto que tenga éxito, que sea aceptado por el mercado convirtiéndose, por tanto, en una innovación. De cada 58 ideas una innovación. No se trata pues de encontrar la idea genial, se trata de iniciar un proceso innovador que debe gestionarse de manera sistemática, activando muchas ideas que se confrontan críticamente con la realidad, con el mercado.

En el caso de innovar en un modelo de negocio, no en un producto, quizás todavía es más complejo, porque intervienen muchas variables externas e internas al proceso. El producto que pensamos ofrecer debe ser aceptado por el mercado pero simultáneamente se deben verificar otras condiciones propias del modelo de negocio. Como, por ejemplo, que los costes de invención, financiación, producción y distribución de nuestro sueño no son sostenibles en relación con el precio que el consumidor está dispuesto a pagar, o con la valoración de la empresa que puede atraer nuevos inversores. Son muchas las variables que se deben verificar, y sólo con que falle una el sistema ya no funciona, el modelo de negocio no funciona.

El desarrollo de nuevos modelos de negocio viables implica conseguir que TODOS los elementos económicos funcionen correctamente y de forma coordinada. Se trata de un pequeño milagro que, sin embargo, funciona en muchos casos. Funciona cuando los emprendedores y su equipo entienden cómo actúan las diferentes funciones y variables económicas del negocio.

Para conseguir este pequeño milagro, los autores proponen testar sobre el terreno el Plan A mediante un proceso formado por cuatro elementos a tener en cuenta:

- **Aspectos a emular de otras compañías:** No reinventamos la rueda, miramos qué compañías que van bien podemos imitar en algunos aspectos de su negocio.
- **Aspectos a evitar:** evitemos los errores que están cometiendo otros. Debemos actuar de forma diferente a la que lo hacen algunas empresas que nos han precedido en mercados similares al nuestro.
- **Actos de fe:** nuestra primera idea está basada en unas hipótesis que son actos de fe porque no están contrastadas. Intentamos formular objetivamente estos actos de fe para ver cómo los podemos contrastar con la realidad, para confirmarlos o para refutarlos. Los actos de fe refutados nos llevarán hacia un Plan B. Estábamos equivocados en una afirmación y la tenemos que cambiar.
- **Cuadros de mando:** debemos basar nuestras acciones en hechos y en datos, no en creencias. Necesitamos medidas que nos den evidencias tangibles y cuantificables sobre el funcionamiento real de nuestro modelo de negocio. Y esto es un cuadro de mando que nos orienta sobre el proceso a seguir, nos da un mapa detallado del viaje que nos permitirá testar las hipótesis de partida y determinar las modificaciones necesarias a hacer durante el proceso.

Para entender bien el proceso a seguir en el funcionamiento de un plan de negocio, es necesario que dispongamos de estos cuatro elementos y que los hagamos funcionar correctamente.

Los que estamos implicados en conseguir que un modelo de negocio funcione, hemos aprendido que a menudo no funciona de entrada y trabajamos duramente para entender cómo debe funcionar el proceso de experimentación permanente para lograr un Plan B, C o Z que acabe funcionando. También hemos aprendido que una vez llegados aquí (el éxito es siempre efímero) tenemos que volver a empezar, poniendo en cuestión eso que parece que ya nos está funcionando. Por eso somos emprendedores, ¿no?. Os recomiendo la lectura de este libro, seguro que os dará muchas ideas para mejorar vuestro modelo de negocio.

CAPÍTULO 7:

Creatividad

7.1

Creatividad, Innovación y Stefan Zweig

LA CREATIVIDAD COMO FUENTE DE INNOVACIÓN.

Si recordamos las distintas definiciones que hemos ido viendo sobre innovación, particularmente las que destacábamos en el capítulo 4, y las intentamos reducir a ideas clave, destacaríamos: crear nuevos recursos, adaptar recursos existentes, crear riqueza, crear un cambio, proceso que transforma una idea en valor para el cliente, crear beneficios para la empresa, generar un flujo constante de innovaciones, etc. Si queremos sintetizar aún más estas ideas clave las podríamos concentrar en dos conceptos: proceso sistemático y acto de creación. gestión y creatividad.

Gestión porque el proceso de innovación no es sólo el resultado de una idea brillante formulada por una persona individual. Como hemos visto en páginas anteriores, y particularmente en el capítulo 5, la innovación se gestiona de forma sistemática mediante metodologías concretas que permiten transformar las ideas en proyectos transformadores.

Por tanto, innovación es sinónimo de gestión, de metodología y de proceso sistemático y continuado que implica al conjunto de la empresa y, eventualmente, a otros agentes externos.

Creatividad porque el proceso de innovación significa la creación de algo nuevo que antes no existía. El acto creativo está ineludiblemente en el centro del proceso de innovación porque sin él es imposible crear nada nuevo; con los procesos sistemáticos podemos administrar una empresa. Pero para que ésta se constituya como una fuente continua de riqueza y de valor para el cliente, debemos introducir la creatividad en el núcleo de los procesos sistemáticos que la definen.

¿Qué creatividad?, ¿de qué tipo de creatividad estamos hablando?, ¿de la de un poeta, un músico o un escritor?, ¿de la de un científico o un ingeniero?, ¿de la de un artesano o un agricultor?, ¿de la de un emprendedor? Todos ellos intentan crear algo nuevo que antes no existía, todos ellos son creadores. ¿Por qué se suele asignar un valor y un reconocimiento social distinto a los actos creativos según sean el ámbito o la disciplina? El conocimiento, la creatividad, la innovación son elementos del acto creativo que desarrollan millones de personas cada día en todo el mundo. Veamos algunos aspectos sobre cómo ha sido tratada la creatividad desde el mundo intelectual.

C. P. Snow en su obra *"The Two Cultures"*, las dos culturas, manifiesta su sorpresa cuando en numerosas reuniones con personas consideradas cultas según los estándares de la cultura tradicional, éstas se refieren a la supuesta incultura de los científicos. Y ante ello añade:

> *"Una o dos veces me han provocado y he preguntado a quienes estaban presentes cuántos de ellos podían describir la Segunda Ley de la Termodinámica. La respuesta fue fría, y también negativa. Y sin embargo, lo que yo preguntaba puede considerarse el equivalente científico de "¿ha leído usted alguna obra de Shakespeare?".*

Las personas consideradas cultas y creativas según la cultura tradicional, en el fondo ignoran buena parte de "las otras culturas". En realidad son ignorantes que ignoran su propia ignorancia. Pueden ser creativas dentro de su parcela cultural pero no lo son en sentido amplio.

Por otra parte, el gran pensador y humanista George Steiner manifiesta su opinión sobre el acto creativo: *"el misterio de la creación es el que me ha fascinado toda la vida"*. Y añade que el acto de crear es profundamente diferente de la más brillante de las opiniones. ¿Cuándo realmente creamos algo nuevo y cuándo nos limitamos a emitir solamente opiniones?. Por brillantes que éstas sean, con ellas no demostramos nuestra capacidad creativa.

Según Steiner, *"La maravilla de los grandes creadores es una cosa que simplemente no entendemos"*. El acto creativo sería pues algo mágico que escapa a nuestra comprensión y por tanto contrario a toda idea de gestión de metodología o de sistemática. Sin embargo, Steiner también manifiesta sus dudas, y añade que quizás el misterio se explica por la existencia de las metáforas y por la habilidad de conectar regiones desconectadas de la mente humana. ¿Podemos ayudar a activar estas conexiones?, ¿quizás pdemos hacerlo mediante la sistemática?, ¿es decir, mediante metodologías adecuadas a cada caso?. Insistiremos en la creatividad y las regiones del cerebro en un próximo artículo.

El mismo Steiner en su obra Fragments (2013), afirma que: *"….la creatividad de primer orden, que a menudo se compara metafóricamente con la creatividad divina, no se puede comprender y, todavía menos, predecir"*. ¿Será que la creatividad que alimenta a la innovación no sería de primer orden?. ¿Quién determina estas categorías creativas?, ¿qué sería de primer orden y qué de segundo orden?. En este libro, Steiner habla de leones y de ratones, siendo los primeros los creativos de primer orden y los segundos el resto de la humanidad entre los que él mismo se coloca. Este discurso entronca con la idea de creación y genio creativo. ¿Es esto así en la creación que lleva a la innovación?, ¿solamente el genio puede crear y, por tanto, innovar?.

Para profundizar en este tema, acudiremos también a uno de los escritores más creativos de la historia de la literatura, nos referimos a mi admirado Stefan Zweig al que ya he citado en alguna otra ocasión. Zweig se refiere al *"acto divino de la creación, en virtud del cual surgía algo nuevo de la nada".* El acto creativo es pues algo mágico y maravilloso (Steiner), divino (Zweig) pero a su vez al alcance de unos (pocos) seres humanos tocados de esta gracia divina, mágica y maravillosa. Partiendo de la visión de Zweig, se derivaría que si queremos innovar en una organización, o bien encontramos alguno de estos "leones" maravillosos o no habría nada que hacer. ¿Esto es así, o es por el contrario posible que cualquier organización pueda, con las ayudas adecuadas, ser creativa e innovadora?.

Zweig en su obra *"El misterio de la creación"* distingue sin embargo entre dos tipos de "leones" creativos, y esta distinción puede que nos permita conectar con nuestro concepto de innovación. El autor empieza afirmando: *"De todos los misterios del universo, ninguno más profundo que el de la creación".* En este sentido el acto creativo sería un milagro que realiza *"...un hombre o una mujer".* Sería pues un acto individual. Pero, Zweig se pregunta, *".....¿cómo realizó aquel hombre ese milagro?. Llevando a cabo simplemente aquel acto divino de la creación, en virtud del cual surgía algo nuevo de la nada".* Y pone como ejemplos un músico, un pintor o un poeta como paradigmas del genio creativo. Entre los ejemplos no se cuentan ni un científico ni un ingeniero ni un artesano.

Y añade: *"¿Cómo puede suceder tal milagro en nuestro mundo, que parece haberse tornado tan mecánico y sistemático?".* Estamos en el año 1940, en plena segunda revolución industrial, en un mundo dominado por la mecánica y la sistemática productiva, sinónimos para el autor de falta de creatividad. Es el mundo taylorista y fordista que está realizando una revolución de la productividad, única en la historia de la humanidad, a partir de la sistemática y de los métodos y tiempos aplicados al proceso industrial. ¿Fueron Taylor y sus discípulos creativos?, ¿crearon algo nuevo de la nada?, ¿lideraron una revolución a partir de la creatividad y la innovación?. Yo creo que sí. Pero en 1940, mentes privilegiadas como la de Stefan Zweig pensaban que no y limitaban la creación a la cultura tradicional, al mundo artístico.

Zweig, en su investigación sobre el proceso creativo, en el mundo de las artes y las letras, descubre que *"...todos esos hombres creadores.... casi nunca revelan el secreto de la creación."* Y se pregunta: *"Por qué no nos describen su modo de crear?."* Y contesta:

> *"(el artista, durante el acto creativo)...no está con sus propios sentidos.... no es dueño de su propia razón, pues toda creación verdadera solo*

acontece mientras el artista se halla hasta cierto grado fuera de si mismo, cuando se olvida de si mismo, cuando se encuentra en una situación de éxtasis". "El artista sólo puede crear su mundo imaginario olvidándose del mundo real".

Sin embargo, en el ámbito empresarial el profesional en su acto creativo e innovador, no solo no puede olvidarse del mundo real sino que debe estar impregnado de realidad para crear valor viable y real.

Zweig investiga el proceso que lleva a la creación a dos músicos geniales como Mozart y Beethoven y descubre con sorpresa que seguían métodos totalmente distintos. Mientras que no encuentra borradores ni correcciones en las composiciones de Mozart que escribe su música a la primera sin corregir nada, en cambio el proceso creativo de Beethoven se basaba en *"infinidad de trabajos preliminares".* A partir de los cuales escribía el primer manuscrito y luego el segundo con modificaciones y el tercero hasta la extenuación propia y de todos cuantos le rodeaban. Algo parecido a lo que dicen que hacia el gran Orson Wells con el montaje de sus películas.

Observando a estos dos grandes músicos, Zweig se da cuenta de que es posible llegar a los mismos resultados brillantes a través de actos creativos muy distintos. La misma observación la hace en el caso de poetas o de escritores.

Zweig llega a la conclusión de que el acto creativo requiere una condición previa que es la concentración. A partir de esta condición previa, el acto creativo puede darse mediante la inspiración divina o mediante el trabajo humano. Y añade que *"…los dos estados suelen estar mezclados misteriosamente en el artista. No basta que el artista esté inspirado para que produzca. Debe además, trabajar y trabajar para llevar esta inspiración a la forma perfecta".* Se trata pues de inspiración más trabajo. La inspiración nace *"…de esos rayos divinos que de repente resplandecen en el artista…pero sólo resplandecen por instantes…..un instante de iluminación".* Y añade: *"…el método no es nada; la perfección lo es todo..".*

Zweig no contempla la posibilidad de alcanzar la perfección tan sólo por medio del método y de la sistemática; la inspiración divina es imprescindible.

Al parecer Zweig no conocía, o por lo menos no se refiere a, la famosa frase " 90 por ciento de transpiración y 10 % de inspiración", atribuida según unos a Pablo Picasso y otros a T.A. Edison, aunque es probable que la aceptaran los dos genios y, a la vez, incansables trabajadores, el uno del arte o el otro de la innovación. ¿Alguien duda de que Picasso y Edison fueron geniales creadores?. Ambos sumaban inspiración y trabajo sistemático en el ejercicio de su genialidad creativa. Ambos sabían gestionar la creatividad en sus respectivas actividades.

Creatividad e innovación en la empresa. Hemos visto que la innovación se hace en la empresa y que no existe innovación sin creatividad. La pregunta que deberíamos hacernos podría ser: ¿cómo integramos gestión y creatividad?.

Mediante el trabajo en equipo, la selección de personas creativas, la creación de equipos de trabajo plurales en donde se unan perfiles personales distintos que fomenten la creatividad y el liderazgo fuerte de estos equipos. Equipos que tengan un factor Q como los que explica Jonah Lehrer (*Imagine*, 2012).

Mediante el uso de metodologías que activen la creatividad y la innovación, como las que hemos apuntado en algunos artículos anteriores. Propongo el desarrollo de una nueva disciplina: la gestión de la creatividad para la innovación.

¿Seremos capaces de fomentar la cultura de la creatividad, superando las dos culturas que ya denunciaba Snow hace años?. Se trata de orientar el talento hacia la creatividad y la innovación. Se trata de ser tan milagrosos y divinos como los artistas creativos de los que nos hablan Zweig y Steiner.

7.2

Creatividad según Jonah Lehrer

HEMOS HABLADO DE CREATIVIDAD E INNOVACIÓN
Y NOS REFERIMOS A AUTORES BRILLANTES COMO
SNOW, STEINER O ZWEIG QUE HAN TRATADO LA
CREATIVIDADDESDE DISTINTAS PERSPECTIVAS.
VIMOS TAMBIÉN LA RELACIÓN ENTRE CREATIVIDAD
E INNOVACIÓN, ASÍ COMO EL PAPEL DE LAS
METODOLOGÍAS EN EL PROCESO CREATIVO Y,
AL FINAL DE TODO ELLO, ACABÁBAMOS
FORMULANDO LA NECESIDAD DE GESTIONAR
LA CREATIVIDAD PARA LA INNOVACIÓN.
EN ESTE ARTÍCULO NOS CENTRAREMOS EN LA
CREATIVIDAD INDIVIDUAL RECURRIENDO A AUTORES
COMO JONAH LEHRER (*IMAGINE*, 2012) O KEVIN
DUNCAN (*THE IDEAS BOOK*, 2014).

La naturaleza del proceso creativo

Un proceso creativo empieza con el planteamiento de un reto. Por las razones que sean nos planteamos un problema que queremos resolver y cuya solución no es obvia ni inmediata. Sobre todo porque, como no forma parte de nuestras rutinas diarias, el cerebro tiene que pensar en una nueva solución que antes no se había planteado. Empezamos a pensar en ello pero la solución no llega; entonces no sabemos qué hacer y nos sentimos frustrados. Parece que para hablar de proceso creativo necesitamos un cierto sentimiento de frustración como desencadenante del proceso.

Lo podemos describir así. Cuando hemos llegado al límite del pensamiento racional y deliberado en pos de la búsqueda de una solución por los caminos cerebrales habituales, cuando nos frustramos pero al mismo tiempo nos rendimos a la evidencia de que no va a servir de nada seguir por ahí, el cerebro entra en el proceso creativo y se produce lo que Zweig llamaba *"el acto divino de la creación"*.

De repente, como un rayo que nos ilumina, vemos claramente la respuesta al problema que tanto nos había preocupado. ¿Qué ha pasado? ¿Qué pasa en nuestro cerebro en estos momentos de creación?. Y lo más importante, ¿cómo podemos favorecer la aparición de esta luz creativa?.

Parece que según las más recientes investigaciones en el campo de las neurociencias, la respuesta estaría en el papel distinto que juegan los dos hemisferios derecho e izquierdo y, más concretamente, en el papel que el hemisferio derecho juega durante el acto creativo.

La función del hemisferio derecho sería la de encontrar las conexiones entre cosas aparentemente inconexas, que es precisamente lo que está en la base de la creatividad, en la base de la creación de algo nuevo.

Mark Beeman, neurocientífico dedicado a entender el funcionamiento del cerebro, lo expresaba así: *"El mundo es tan complejo que el cerebro tiene que procesarlo de dos maneras diferentes al mismo tiempo. Es preciso ver el bosque y los árboles. El hemisferio derecho es, de los dos hemisferios cerebrales, el que nos ayuda a ver el bosque "*.

El hemisferio izquierdo es efectivo en la aplicación de las soluciones conocidas, pero cuando se trata de una situación novedosa, y por ello desconocida, es solamente el hemisferio derecho el que puede encontrar una solución a partir de crear conexiones hasta la fecha no exploradas.

El sentimiento de frustración que sentimos ante la imposibilidad de resolver el problema o de conseguir el reto que nos hemos propuesto, debe ser la señal que nos lleve a rendirnos a la necesidad de soltar el control del hemisferio izquierdo junto con sus explicaciones racionales y predecibles. Se trata de que aceptemos la necesidad de explorar el problema o el reto desde otras perspectivas; haciéndolo, ocurre que el hemisferio izquierdo pasa el control al hemisferio derecho y, junto con él, a su poder de conectar la información en modos distintos a los acostumbrados.

Entonces empieza el acto creativo. Y unos pocos milisegundos antes de la nueva conexión, que sentimos como iluminación, los científicos han detectado una punta de ondas gamma, que es la frecuencia eléctrica más alta que genera el cerebro.

Esta es la respuesta que nos viene de la investigación científica y, si realmente es así, nos interesará conocer en qué condiciones podemos favorecer estas emisiones de ondas gamma, para así ser capaces de favorecer la conexión creativa o acto creativo. Veremos algunos casos para extraer unas primeras conclusiones.

Condiciones y casos de creatividad

Si la acción creativa del hemisferio derecho se activa cuando nos olvidamos del problema, será interesante conocer de qué maneras podemos desconectar del problema, o sea del hemisferio izquierdo, para que así tome el mando el hemisferio derecho.

Al parecer, empresas como 3M consiguen la desconexión del hemisferio izquierdo y la conexión con el derecho, alentando a sus trabajadores a dedicar un porcentaje de su tiempo a otras actividades no planificadas y aparentemente improductivas. 3M lo llama su política de atención flexible. Consiste en que su personal investigador dedique el 15% de su jornada laboral a pensar y desarrollar nuevas ideas especulativas por locas que parezcan, compartiéndolas con sus colegas.

3M es una de las empresas más innovadoras del mundo, actualmente comercializa más de 55.000 productos distintos, destina más del 8% de sus ingresos brutos a investigación y los productos de menos de cinco años de antigüedad representan el 30% de sus ingresos brutos.

Otra empresa que utiliza estas técnicas de activación del acto creativo es Google con su programa *"Innovative time off"* que dedica el tiempo de su personal según la regla 70/20/10. Esta conocida regla consiste en que el personal de esta empresa dedica el 70% de su tiempo a los proyectos propios de la unidad o departamento del que forma parte, el 20% lo dedica a actividades en colaboración con personas de otras unidades, y el 10% restante lo dedica a actividades creativas de propia elección sin relación con su trabajo habitual. Se estima que al menos el 50% de los nuevos productos de Google se han iniciado a partir de especulaciones nacidas en el marco de este programa.

Además de todo lo dicho en cuanto al papel del hemisferio derecho en el acto creativo, también se ha descubierto que los momentos de alegría y de felicidad pueden llevar a aumentos espectaculares de la creatividad. Las empresas, pues, son las primeras interesadas en que sus empleados sean felices y estén contentos. En cuanto al momento del día más propicio para estos estados mentales parece que es a primera hora. A veces corriendo a primera hora o mientras uno se ducha es cuando llegan las mejoras ideas. Os aseguro que en mi caso es así y que, a menudo, cuando llego a casa después de correr un rato, me veo obligado a apuntar rápidamente algunas de las ideas generadas durante la carrera para que no se me olviden.

En cambio, parece que una excesiva atención en un problema y un estado de tensión mental, bloquean las conexiones creativas que nos llevarían a encontrar soluciones o a una idea creativa. El uso de estimulantes como la cafeína o algunas pastillas, nos mantienen en vilo pero en realidad pueden inhibir las ideas creativas.

Lehrer afirma que: *"de vez en cuando, centrar la atención puede llevarnos a fracasar y hacer que nos fijemos en las respuestas equivocadas. Sólo descubres la respuesta si te relajas y distraes. La epifanía sólo llega cuando has dejado de buscar la respuesta".*

Estas visiones repentinas de nuevas ideas o soluciones a problemas que nos preocupan, provienen de conexiones entre pensamientos o informaciones aparentemente inconexas. Inventamos nuevas formas o nuevas ideas, combinando formas e ideas que se habían almacenado en nuestro cerebro como informaciones separadas, independientes. Al conectarlas surge el rayo de luz creativo.

Algunas conclusiones para favorecer la creatividad y la innovación

Propongo algunas conclusiones para conseguir generar ideas creativas para la gestión de la innovación en las empresas:

En primer lugar, pensar si en nuestra empresa podríamos aplicar modelos de gestión del tiempo como hemos visto para el caso de 3M o de Google. No siempre será posible, por múltiples razones, pero podemos hacer pequeños ensayos en nuestro ámbito de decisión. Por ejemplo, programando periódicamente en nuestra unidad o departamento, sesiones de trabajo por grupos aplicando técnicas de creatividad basadas en algunas de las múltiples técnicas existentes para generar ideas. O encargar a un equipo pluridisciplinar que dedique el 10% de su tiempo a desarrollar conocimiento sobre un tema aparentemente distinto al del negocio, por ejemplo, el proceso de envejecimiento; para luego intentar encontrar una conexión entre este nuevo conocimiento y el del negocio. Algo así como: ¿qué conexión puedo encontrar entre los métodos aplicados para frenar el envejecimiento y los métodos que utilizamos en la empresa para mantener la maquinaria a punto?

En segundo lugar, ¿cómo podemos trasladar estas experiencias al conjunto de la empresa?, dado que la creatividad surge de las interacciones horizontales aparentemente inconexas. Es probable que cuando interactúen un ingeniero de planta y uno de desarrollo se produzcan conexiones que lleven a la idea creativa que luego deberá desarrollarse. También podría ser una buena idea que los ingenieros vayan pasando periódicamente, cada n años, de una división a otra de manera que se favorezcan estas interacciones, tal como hacen empresas innovadoras como 3M.

Finalmente, propongo aplicar uno de los *"50 ways to generate ideas more effectively"* que propone Kevin Duncan en el libro citado al principio. Concretamente la número 26 que denomina: *"The Unconcealing"* que podríamos traducir como destapar lo que está escondido. Se basa en las ideas de Lehrer que hemos visto, sobre que la idea nos viene cuando dejamos de pensar en el problema.

El ejercicio práctico consistiría en trabajar intensamente un problema mediante las técnicas habituales de manera que, si no encontramos la solución, lo separamos y lo ignoramos por un tiempo. El autor recomienda que durante ese tiempo cada miembro del grupo intente conseguir estados de ensoñación (corriendo, la ducha, etc. Aquí la imaginación personal puede ser infinita) como modo de crear un estado propicio a la producción de la conexión. Seguidamente el grupo se vuelve a reunir repasando ideas que han podido llegar durante el periodo de reposo y olvido del problema.

Mucha suerte!

7.3

Creatividad 2

EL ARTÍCULO SOBRE CREATIVIDAD DEDICADO A
LEHRER TERMINABA CON ALGUNAS CONCLUSIONES
PARA FAVORECER LA CREATIVIDAD Y LA INNOVACIÓN.
EN ELLAS PROPONÍAMOS PENSAR SI EN NUESTRA
EMPRESA PODÍAMOS APLICAR MODELOS DE GESTIÓN
DEL TIEMPO COMO VIMOS QUE OCURRÍA EN LOS CASOS
DE 3M O DE GOOGLE.

También sugeríamos trasladar algunas experiencias de éxito al conjunto de la empresa. Finalmente, se planteaba la posibilidad de aplicar a nuestras empresas una de las estrategias presentadas en el *"50 ways to generate ideas more effectively"* de Kevin Duncan citado en el libro de Lehrer. Hacíamos referencia, concretamente, a la estrategia número 26 de Kevin Duncan denominada *"The Unconcealing"* que podríamos traducir como "destapar lo que está escondido". Esta estrategia se basa en las teorías de Lehrer acerca de cómo la solución aparece cuando dejamos de pensar en el problema.

Ahora dedicaremos este apartado sobre Creatividad, también basada en las aportaciones de Lehrer, a otras experiencias complementarias de las anteriores.

La actividad del cerebro

Se ha demostrado que cuando una persona deja de estar enfocada conscientemente en una tarea, su cerebro no deja de estar activo, de manera que puede decirse que el cerebro deja volar su fantasía, libre de las limitaciones de la tarea concreta que estaba realizando. Esta actividad cerebral autónoma, correspondería a la expresión popular de "soñar despierto" o "estar en Babia". El cerebro usa estos espacios de pensamiento no deliberado para conseguir resultados mejores de los que éste podría conseguir, solamente a partir de la dirección deliberada consciente por parte de su dueño.

Los momentos de pensamiento espontáneo, son momentos de ensoñación que suelen ocurrir cuando la persona está llevando a cabo una actividad rutinaria que requiere de su parte poca atención consciente, como por ejemplo caminar o conducir el coche en una carretera sin tráfico. En estos momentos, la capacidad superior cerebral queda liberada y el sistema cuerpo-mente decide dedicarla a la exploración que nace de conectar distintas áreas cerebrales. Leher habla de *"explorar sus bases de datos internas"*. Así aparecen nuevas conexiones neuronales que dan lugar a nuevas interpretaciones, nuevos conceptos y nuevas ideas.

La historia de la innovación está llena de ideas brillantes que se han producido en momentos de ensoñación como los que describe Lehrer, mientras hacíamos tareas rutinarias o, sencillamente, *"no pensábamos en nada"*. Uno de ellos es el conocido caso de la innovación del post-it de la empresa 3M.

¿Significa esto que lo mejor que podemos hacer es "estar en la luna"?. Seguramente no. Pero lo que sí nos descubren las conclusiones de Lehrer es que pasar ratos aparentemente "sin hacer nada", puede ser enormemente positivo para la innovación de una empresa. Ya lo hemos afirmado anteriormente cuando decíamos que a veces conviene "olvidar" un problema al que no vemos solución: hacer un descanso o irse a casa, y dedicar el cerebro a trabajar en otra cosa que requiera poca o menos atención. Se trata de que busquemos momentos de relajación: como ir a comprar, tomarnos un café, dar un paseo, etc… Todo ello con la tranquilidad de saber que el cerebro seguirá trabajando y de que, a lo mejor, Eureka!!!, dará con la solución al problema que nos estaba preocupando.

El caso de Milton Glaser y I love New York

Para ilustrar las ideas anteriores, Lehrer explica el caso del diseñador gráfico Milton Glaser y su famoso diseño dedicado a la ciudad de Nueva York, basado en un corazón y la imagen "I love NY".

Glaser tiene como lema de su estudio de Manhattan: *"Art is work"*. El arte, la creatividad, es un trabajo duro, largo y difícil. Se trata de tener una idea en la cabeza y ser capaces de transformarla en algo real. Lo que ocurre es que muchas veces la idea, o la solución a un problema, no suele llegar justo cuando la estamos deseando, es decir, en el momento en el que estamos trabajando duramente en ella. Por el contrario, la idea nos llega, como por arte de magia y sin aparente esfuerzo, en los momentos de relajación que nos tomamos después de habernos esforzado al máximo.

En 1975, Milton Glaser aceptó el encargo de la ciudad de Nueva York para crear una campaña publicitaria que permitiera revitalizar la imagen de la ciudad. En aquellos años la imagen de la ciudad era muy negativa con altos niveles de delincuencia y con una situación financiera próxima a la bancarrota. Nueva York era sinónimo de inseguridad y depresión.

Al parecer, una de las condiciones impuestas por el ayuntamiento de la ciudad, era que el anuncio hiciese uso de la frase: *"I love New York"*. Con esta limitación Glaser no tenia más margen de maniobra que probar con distintas tipografías hasta encontrar la más adecuada para la ocasión. Al final optó por una forma cursiva con la frase *I Love NY*, la envió y todos la aprobaron. Parece que les gustó y quedaron todos satisfechos. Menos el propio Milton Glaser quien cuando relata los hechos nos cuenta: *"…si yo hubiese sido una persona normal hubiese dejado de pensar en el proyecto . Pero no lo hice. Había algo que no me parecía acertado"*. Lo que ocurrió es que Milton Glaser tenía la intuición de que era posible mejorar el material entregado: sentía que no había encontrado la mejor solución.

Su cerebro seguía pensando en ello sin que él (su parte consciente) pudiese evitarlo.

Glaser cuenta que, al cabo de unos días de entregar su trabajo, y mientras se encontraba en un taxi en medio de un atasco, se puso a dibujar en un papel y… de pronto…, Eureka!!, encontró la solución y dio con el logo que se ha hecho famoso en todo el mundo.

"Vi el diseño acabado en mi cabeza. Vi la tipografía de máquina de escribir, y un grande y redondeado corazón rojo colocado directamente en medio. Supe en el acto que era así como debía ir".

Glaser no dejó de pensar en el problema que le habían planteado y repitió la frase en su cabeza, al cabo de unos días el cerebro realizó las conexiones adecuadas para, en un momento de relajación, dar con la solución que estaba buscando. Glaser mantuvo la sensación de proceso inacabado en su cerebro, permitiendo que éste completase por la vía inconsciente lo que no había podido completar por la vía consciente.

Desconozco los detalles de cómo Glaser diseñó hace unos años las etiquetas de las botellas del restaurante *7 Portes* de Barcelona con ocasión de su 175 aniversario. La anécdota, poco conocida incluso por los clientes habituales de este restaurante, es que, como me contó su propietario y amigo Paco Solé, al parecer el gran Milton Glaser sólo pidió como pago por el trabajo realizado que pudieran comer él y su mujer en el *7 Portes* siempre que pasaran por Barcelona. Creatividad gráfica a cambio de creatividad gastronómica.

El resumen de este artículo es que la persistencia en el pensamiento de un problema irresoluble a nivel consciente, da la orden al cerebro de trabajar autónomamente en su resolución. Y que éste encuentra la solución, en la mayoría de los casos, en un momento determinado en el que probablemente estamos haciendo otra tarea. El ejemplo de Glaser nos enseña la necesidad de perseverar en nuestro pensamiento en la búsqueda de las mejores soluciones.

7.4

Creatividad 3

TERMINAREMOS ESTE CAPITULO DEDICADO A LA CREATIVIDAD, CON ALGUNAS REFLEXIONES SOBRE LA CREATIVIDAD COMO FUENTE DE TODA INNOVACION. COMO AFIRMA JORGE WAGENSBERG EN SU LIBRO AUTOBIOGRÁFICO *"ALGUNOS AÑOS DESPUÉS"* (ED. NOW BOOKS, 2015), *"LA CREATIVIDAD DE UN SER HUMANO ES SU PRINCIPAL FUENTE DE AUTOESTIMA Y DE EQUILIBRIO MENTAL"*. COMO SENNET, WAGENSBERG SE REFIERE AL ARTESANO CREATIVO Y HABLA DEL PROYECTO COMO *"...PILAR CENTRAL DE LA CREATIVIDAD HUMANA Y MARCA LA LÍNEA ROJA QUE SEPARA LOS INDIVIDUOS Y LOS COLECTIVOS QUE FUNCIONAN DE LOS QUE NO FUNCIONAN"*.

Totalmente de acuerdo, la creatividad se desarrolla a nivel personal pero tiene su resultado colectivo a través del proyecto. El proyecto como síntesis y resultado práctico del trabajo creativo. Una organización, un país, solo funcionan si sus componentes pueden expresar su creatividad a través de proyectos. Para terminar esta breve referencia a Jorge Wagensberg, destacaré dos aforismos relacionados con la creatividad y que formula dicho autor en la citada obra:

"Hay dos tipos fundamentales de personas: las que van a favor de los proyectos y las que van a favor de si mismas". Los proyectos como instrumento de la acción colectiva de equipos que trabajan para un objetivo común.

"Los proyectos tienden a comenzar bien impulsados por las personas que van a favor de los proyectos, y suelen acabar mal a medida que caen en manos de personas que van a favor de si mismas". Se trata de la crisis de los proyectos que destacábamos en el libro *Gestión de proyectos complejos*, editorial Pirámide.

En este capítulo dedicado a la creatividad, hemos visto:

En el apartado 7.1, dedicado a la creatividad y la innovación, citábamos a autores como Snow, Steiner o Zweig que han tratado la creatividad desde distintas perspectivas. Partiendo de estas referencias, hablábamos de la relación entre creatividad e innovación y acabábamos formulando la necesidad de gestionar la creatividad para la innovación.

En el número 7.2 sobre creatividad dedicado a Lehrer, llegábamos a algunas conclusiones para favorecer la creatividad y la innovación en las empresas. El número 7.3 se refería a la creatividad y la actividad del cerebro y se ilustraba con una anécdota sobre Milton Glaser y su *"I love NY"*.

Ahora nos inspiraremos en Jorge Wagensberg en su doble vertiente:

*   **Individual:** la creatividad como fuente de autoestima y de equilibrio mental.
*   **Colectiva:** la creatividad expresada a través de proyectos resultado de la acción colectiva.

La creatividad individual

No es posible la creatividad sin la emoción y sin el compromiso. Cuando escuchamos a alguien que toca un instrumento musical, sabemos distinguir claramente, entre el instrumentista que se limita a reproducir mecánicamente las notas del pentagrama, del que intenta expresar un sentimiento a través de su interpretación.

Conocida es la anécdota —o el chiste— de aquel director de un auditorio de música que después de un concierto de un famoso músico le invita a su casa para que pueda conocer a su hija, según él, futura gran intérprete de violín. Después de cenar, la hija se pone a tocar el violín y cuando acaba el padre le pregunta al artista: "¿qué le parece la ejecución?, y el artista contesta: "tanto como la ejecución quizás no, pero un par de hostias no estaría mal".

La creatividad en el mundo profesional se manifiesta a través de un proyecto en el que volcamos nuestro entusiasmo y contagiamos de este entusiasmo al conjunto de las personas implicadas, lo que en inglés se llama los "*stakeholders*". Resultado de este entusiasmo, es la emoción con la que intentamos compartir el proyecto con los demás. El acto creativo requiere de este compromiso, entusiasmo y emoción.

El proceso industrial propio de la segunda revolución industrial pasaba por la estandarización, sinónimo de repetición y de falta de creatividad. Henry Ford I no quería a gente que pensara y el cerebro que llevaban los obreros le molestaba, solo necesitaba que trabajaran con sus dos manos. Con la revolución del conocimiento este poso de cultura industrial y sus consiguientes condicionantes organizativos, podría representar un freno a la creatividad que necesita romper con el comportamiento estándar y repetitivo. El error puede ser fuente de culpa y de castigo o en cambio puede ser la oportunidad para mejorar, para innovar, para crear.

Para ser creativos hay que soltarse, como los músicos de jazz cuando improvisan, parten de unas pautas y de una larga experienciaconelpentagramaperollegadosaunmomentoalcanzanelpunto sublime de la creación que provoca la emoción de los que asistimos a su interpretación. En el mundo profesional también necesitamos soltarnos y explorar nuevos mundos para crear, para innovar. Se trata de soñar despiertos para poder explotar nuestro gran depósito de creatividad.

La creatividad individual en un proyecto, se alimenta del propio conocimiento pero se desarrolla a partir de los incentivos que ofrece el equipo para el desarrollo de cada una de las personalidades que conforman el proyecto. La creatividad individual como fuente de autoestima y de desarrollo personal. El equipo como marco o entorno que favorecen este desarrollo.

Creatividad y proyecto

En el mundo profesional no existe creatividad sin proyecto, que es el vehículo o la plataforma a través de la cual expresamos nuestra creatividad. Y todo proyecto es necesariamente colectivo, solo es capaz de llevarlo a cabo un equipo formado por distintas personas que son capaces de aportar su propia creatividad.

La primera condición que deben reunir los proyectos como vehículos de creatividad es la cohesión del equipo. Como afirma Wagensberg, con personas que solo *"van a favor de si mismas"* olvidando el proyecto colectivo los proyectos fracasan y, añado, las personas que participarían a favor del proyecto no pueden desarrollar toda su creatividad. Un proyecto creativo necesita pues de cohesión entre sus participantes y, como condición añadida, de un liderazgo de personas que vayan a favor del proyecto.

Cohesión y liderazgo se alimentan mutuamente en sentido positivo o negativo. Con un buen liderazgo a favor del proyecto se favorece la cohesión y, por tanto, la creatividad de los miembros del equipo. Con un líder que va "a favor de si mismo" o que desconoce el proyecto, que a menudo suelen ir parejos, cada miembro del equipo tenderá a favorecer sus propios intereses, perdiendo de vista el objetivo del proyecto y anulando la creatividad.

Otra condición importante para un proyecto que pretenda ser creativo, es su carácter abierto a la creatividad que viene de fuera del equipo. Los equipos cerrados en si mismos tienden a reproducir esquemas anteriores, a encerrarse en sus propios dogmas y por tanto a perder creatividad y anular la innovación. Los modelos de innovación abierta formulados inicialmente por Herny Chesbourg, pretenden evitar estas tendencias endógenas y autistas que matan la creatividad.

La creatividad viene del contraste, del pensamiento distinto y de la ruptura de esquemas preconcebidos y estos suelen estar más fuera que dentro de las organizaciones o de los equipos de un proyecto. Hoy en día las redes sociales y el uso de las TIC pueden favorecer las conexiones externas, con gran cantidad de personas que pueden aportar sus ideas creativas a los proyectos de un equipo que trabaja en forma presencial.

Por otra parte, está demostrado que cuando las personas trabajan fuera de su especialidad pueden encontrar relaciones que es difícil que salgan de un grupo especializado o habituado a unas metodologías concretas, a un campo de trabajo específico. Es necesario actuar en campos abiertos, favoreciendo las aportaciones de personas aparentemente ajenas al objeto principal de nuestro proyecto, pero que pueden aportar chispas de creatividad que nos permitan nuevas soluciones a los problemas que tenemos planteados.

CAPÍTULO 8:

Energía y sostenibilidad

8.1

Reflexionando sobre energía y sostenibilidad (1 de 3)

LA SOSTENIBILIDAD, UNA VISIÓN GENERAL.
LA REVOLUCIÓN INDUSTRIAL HA REPRESENTADO UN
PUNTO Y APARTE EN LA HISTORIA DE LA HUMANIDAD;
UNA SINGULARIDAD RUPTURISTA QUE HA DISPARADO
TODAS LA VARIABLES ECONÓMICAS Y SOCIALES DE LOS
ÚLTIMOS 250 AÑOS.

La renta per cápita mundial se mantuvo prácticamente estable hasta el inicio de la revolución industrial, momento en el que comienza un crecimiento acelerado de carácter exponencial que no ha parado hasta nuestros días. Dado que la población ha tenido también un gran crecimiento, la producción industrial total ha tenido un crecimiento superior. Ello significa consumo de materias primas, consumo energético, producción de residuos, etc.

En capítulos anteriores, hemos observado cómo la economía exponencial se manifestaba a través de distintos fenómenos de carácter tecnológico, económico y social, transformando cuantitativamente y cualitativamente las condiciones anteriores. La economía se ha globalizado gracias al cambio tecnológico nucleado alrededor de las TIC y la maquinaria productiva mundial está funcionando cada vez a mayor velocidad.

Y todo este proceso acelerado se ha producido manteniendo unos viejos supuestos propios de la sociedad industrial: que la naturaleza era inagotable, que su capacidad de carga para absorber los residuos del proceso no tenían límite y que las materias primas de todo tipo necesarias para que la maquinaria funcione no se acabarían nunca. Pues bien, hoy todos los datos disponibles nos dicen que este modelo industrial, o industrialista, en el que nos hemos apoyado para llegar hasta aquí, es falso, que no se sostiene. El modelo actual de desarrollo económico no es sostenible, no se puede mantener indefinidamente, tiene fecha de caducidad. Hay que cambiarlo.

Y es en este preciso momento histórico cuando nacen las ideas sostenibilistas que se fundamentan en el triángulo ambiente-sociedad-economía. No se trata por tanto de una nueva versión del ecologismo, sino de una visión global integradora, resultado de la convergencia de la reflexión ambiental, del análisis económico y de las consideraciones sociológicas. Podríamos pues hablar del sostenibilismo como de una nueva dimensión cultural de la humanidad.

Es por ello que, a menudo, se habla de la nueva cultura del agua, de la nueva cultura de la energía etc, como manifestaciones parciales de esta nueva cultura de la sostenibilidad.

Esta nueva cultura de la sostenibilidad supone un gran cambio en los comportamientos individuales y colectivos. Representa que nuestros actos han de ser compatibles con la gestión del espacio global en un tiempo determinado (ejemplo: debemos conscientemente reducir las emisiones de CO_2 en todo el mundo ahora) y, a la vez, con la gestión de las previsiones futuras de las distintas variables económicas y ambientales (ejemplo: planificar la reducción futura del consumo de petróleo y sus derivados para producir electricidad).

Es por ello que la sostenibilidad cambia radicalmente la escala espacial y temporal de las actuaciones. La escala espacial es el mundo, como corresponde a una economía global. La escala temporal es el medio y largo plazo, a partir de la previsión y corrección de las actuaciones presentes que tienen unas consecuencias futuras. Las nuevas generaciones recibirán las consecuencias de nuestros actos presentes. Para ello, hay que internalizar en el sistema actual estas consecuencias futuras, que hasta ahora no se habían tenido en cuenta.

Y ello no tiene nada que ver con actitudes conservacionistas o mantenedoras de supuestos equilibrios naturales. Un sector naturalista del ecologismo no es sostenibilista, es inmovilista. No es innovador, es reaccionario. Se opone a nuevos parques eólicos o a nuevas líneas eléctricas no en aras de la nueva cultura sostenibilista, sino por incapacidad de plantear alternativas reales y posibles. Es decir, se opone a todo por sistema.

El sostenibilismo es una nueva cultura global que asume la responsabilidad de plantear alternativas posibles ahora, pensando en las consecuencias futuras, y teniendo en cuenta las necesidades de toda la población. Teniendo en cuenta que se trata de una nueva cultura, de una nueva forma de pensar, de unos nuevos valores que van a requerir de un cambio en la forma de pensar tradicional. Como afirma Ramón Folch: *"Profundizando en el conocimiento de la máquina de vapor no se llega ni a los ordenadores , ni a la televisión...."*. Hace falta un cambio de modelo.

La base ambiental, social y económica del pensamiento sostenibilista, pone de manifiesto que los problemas socioambientales van más allá de algunas molestias como la contaminación en sus distintas variantes. Si no fuera así, con unas cuantas acciones correctoras localizadas en forma de plantas depuradoras o de filtros de focos emisores, estaría el problema solucionado. No, el problema es global y conecta con el modelo de desarrollo económico actual. En este sentido el cambio climático viene en nuestra ayuda al poner de manifiesto como un problema ambiental es percibido como global y está relacionado con el sistema económico.

Y todo ello en el marco de la necesidad de pensar sobre la naturaleza de esta nueva cultura sostenibilista, a la vez que no perdemos la capacidad de actuar con las medidas apropiadas. No podemos esperar que todos los países se pongan de acuerdo, para actuar al nivel de nuestras posibilidades locales. Como afirma la conocida divisa ecologista de *"pensar globalmente y actuar localmente"*.

En realidad, como han afirmado distintos autores en coherencia con el pensamiento sostenibilista, ambiente y economía son distintas caras de la misma realidad. La economía se desarrolla en un medio que debe ser sostenible por definición, porque en caso contrario esta actividad se paralizaría, seria insostenible. Por tanto el modelo de desarrollo económico tiene sentido solo si internaliza las ideas sostenibilistas. En el caso del cambio climático, se pone de manifiesto de forma clara esta unión entre economía i medio ambiente.

El que algunos economistas "desarrollistas" no entiendan esta íntima relación entre economía y medio ambiente, no significa que no sea real. Significa que los árboles de un cierto dogmatismo economicista no les permiten ver el bosque de la realidad. Un modelo de desarrollo económico que vaya contra el medio ambiente acabará haciendo imposible este desarrollo. Pero además, resulta que esta íntima relación permite generar nuevas oportunidades de desarrollo sostenible, que no existían con el anterior modelo desarrollista o industrialista.

El modelo sostenibilista tiene mucho en común por otra parte, con la economía del conocimiento que hemos venido analizando en capitulos anteriores. Sin embargo, considero que está por hacer la teoría que nos permita conocer mejor sus interrelaciones, que serviría para avanzar en un mejor conocimiento tanto de su naturaleza como de las acciones para avanzar en uno y en otra. Animo a algún lector a trabajar en este sentido, promete ser apasionante.

Una variable clave: la energía

Una de las variables clave del nuevo modelo sostenibilista es el de la energía, por razones obvias. El consumo de energía es hoy el principal foco productor de CO_2, entre otros gases contaminantes y su rápido crecimiento el principal factor que está propiciando el cambio climático. Veremos seguidamente pues los aspectos energéticos de este nuevo modelo.

Hay que tener en cuenta que actualmente la energía es responsable de un 80% de las emisiones de gases invernadero de la UE y que constituye la causa principal de la contaminación atmosférica y del cambio climático. El futuro de la economía y de la salud ambiental del planeta dependen, en buena medida, de las políticas energéticas que se adopten en los próximos años.

Cada vez hay mayor consenso en que el modelo energético que hemos heredado es obsoleto. Desde hace unos años se está caminando hacia un nuevo modelo en el que los conceptos de globalidad, seguridad de suministro, medio ambiente y economía de mercado están cobrando cada vez mayor importancia, y van a marcar las pautas del nuevo modelo energético que está empezando a construirse.

No solo desde el punto de vista económico, sino también en el ámbito político y social, los parámetros de referencia son distintos; por tanto, el modelo de negocio cambia completamente y, como consecuencia, están apareciendo enormes oportunidades, pero también grandes amenazas, para las empresas del sector y para otras que ven el momento de involucrarse en esta actividad económica.

El control de las fuentes de suministro o el cambio hacia fuentes alternativas será un elemento fundamental del cambio. Más allá de las propias empresas, cada país jugará sus bazas para posicionarse en función de su capacidad.

Por ejemplo, vemos como EEUU ha decidido no perder el control de los hidrocarburos, aunque ha desplegado una estrategia potente para desarrollar las energías renovables y el carbón limpio. La Unión Europea ha optado por liderar la lucha contra el cambio climático con una fuerte apuesta por las renovables, consiguiendo posicionar a su industria en ese sector y asumiendo una penetración de esas energías muy fuerte. China y la India están tratando de asegurarse el suministro de hidrocarburos para promover su fuerte crecimiento, en aquellas zonas del globo en las que EEUU tiene menor influencia.

Los próximos veinticinco años serán pues determinantes para situar a los países en una posición ventajosa o desfavorable con respecto a los retos del abastecimiento de las fuentes energéticas, de la protección del medio ambiente y de la competitividad económica de su sociedad.

Para poder jugar un papel relevante en este cambio, las empresas deben pues invertir en la generación de conocimiento, desarrollando tecnología que sea competitiva, que preserve el medio ambiente sin amenazar la seguridad de las personas, y que no hipoteque la seguridad de suministro de cada país.

Seguidamente, analizaremos los retos del sector energético en la sociedad actual.

8.2

Energía y sostenibilidad 2

EN EL ARTÍCULO ANTERIOR, HICIMOS UNA BREVE INTRODUCCIÓN AL CONCEPTO DE SOSTENIBILIDAD Y DESTACAMOS A LA ENERGÍA COMO LA VARIABLE CLAVE DEL MODELO SOSTENIBILISTA, DADO QUE HOY EN DÍA EL CONSUMO DE ENERGÍA ES EL PRINCIPAL FOCO PRODUCTOR DE CO2, Y SU RÁPIDO CRECIMIENTO EL PRINCIPAL FACTOR QUE ESTÁ PROPICIANDO EL CAMBIO CLIMÁTICO. EN EL PRESENTE ARTÍCULO, Y EN EL SIGUIENTE, VEREMOS CUÁLES SON LOS RETOS DEL SECTOR ENERGÉTICO EN LA SOCIEDAD ACTUAL Y DESTACAREMOS LOS TRES MÁS IMPORTANTES: SEGURIDAD DE SUMINISTRO, SOSTENIBILIDAD Y COMPETITIVIDAD.

Seguridad de suministro:

Hoy ya nadie duda de que la energía es un bien escaso, fundamental para el desarrollo económico y social. Así pues, el control de las fuentes de energía, las tecnologías y los procesos para transformarlas en electricidad o carburante, devienen estratégicos. Dejarlo en manos de terceros países incrementa el riesgo político y económico de un país y, por tanto, la competitividad de su tejido industrial. Es ya patente el hecho de que la energía está presente en la agenda política de las reuniones multilaterales de los gobiernos de los países desarrollados.

A pesar de que, por razones diversas de índole política, llevamos meses con bajos precios de la energía, las estimaciones a medio y a largo plazo de la International Energy Agency prevén un incremento sostenido de los precios del petróleo y del gas, debido a que las reservas son limitadas y al intenso crecimiento del consumo en Asia. En este sentido, es necesario replantear el análisis económico de costes comparativos de distintas fuentes energéticas, e incluso la rentabilidad de las medidas de ahorro y de eficiencia energética, teniendo en cuenta dichas proyecciones a largo plazo, así como una evaluación del riesgo tomando en consideración distintos escenarios.

De esta reflexión se deduce que uno de los elementos claves del futuro energético es la seguridad de suministro. La mayoría de expertos considera que ya no podemos depender de unas pocas fuentes energéticas, hay que utilizar un "mix" energético basado en un mayor número de fuentes autóctonas y renovables, y diversificar las fuentes y las vías de acceso a los combustibles importados; asimismo, y sobre todo, la reducción del consumo es una pieza fundamental de esta estrategia.

Sostenibilidad:

El motor impulsado por la Unión Europea asumiendo primero el cumplimiento del Protocolo de Kioto, y recientemente el de París, ha obligado a los países miembros a dirigir sus políticas hacia una economía basada en el ahorro de energía y en la generación limpia, con el objetivo de evitar emisiones de CO_2.

La protección medioambiental se ha convertido en uno de los elementos clave de la política europea. La UE está liderando la reducción de emisiones de CO_2 y, con eso, está colaborando a impulsar una industria propia a través de sus programas de investigación y desarrollo tecnológico.

En este sentido la UE ha asumido realmente, y probablemente es una de las pocas ocasiones en que lo ha hecho, el liderazgo mundial de la industria capaz de mitigar las emisiones de CO_2. Sin embargo, la inercia que debe superar el cambio de modelo energético hacia una generación más limpia es muy elevada, y requiere de un cierto tiempo. Durante los próximos años, será necesario desarrollar las tecnologías adecuadas, ponerlas a punto y demostrar su fiabilidad y su rentabilidad en un entorno "hostil" y dominado por los modelos energéticos convencionales.

El objetivo que la UE se ha fijado hace tiempo, es reducir un 20% el nivel de emisiones en el año 2020 y conseguir, que, a partir de esa fecha, el nivel de emisiones se reduzca del orden de un 50% antes de final de siglo. A través de la política europea y de sus estados miembros, la industria energética y de bienes de equipo tiene la oportunidad de crear un nuevo marco de negocio, con nuevos servicios y nuevos productos capaces de ser competitivos a nivel global.

La UE ha estimado que esta oportunidad generará alrededor de un millón de nuevos puestos de trabajo en los sectores del ahorro y eficiencia energética, las energías renovables y las tecnologías de captura y confinamiento de CO2.

Para impulsar con más efectividad estas políticas, la UE ha creado diversos instrumentos entre los que merece destacar: el marco económico del esquema de comercio de emisiones (EU Emissions Trading Scheme), y el Programa Horizonte 2020 de I+D, en el que la energía y el medio ambiente tienen un papel principal. Asimismo, ha impulsado compromisos vinculantes para conseguir un ahorro de un 20% de energía primaria en el 2020, y un 20% de penetración de las energías renovables en el 2020.

Competitividad:

Además de la seguridad de suministro y la sostenibilidad es necesario que las nuevas fuentes de energía, y que los modelos de negocio sobre los que se base nuestro futuro, sean competitivas.

Deben revisarse los mecanismos de mercado para evitar que los verdaderos costes queden ocultos en beneficio de una posición dominante. En un sector tan estratégico para el desarrollo económico y social de un país, hay que establecer instrumentos regulatorios muy firmes y transparentes que aseguren que los precios son fiables por parte de todos los jugadores. En estas condiciones los nuevos modelos de negocio basados en las energías limpias deben demostrar su capacidad de competir.

Probablemente nos demos cuenta que preservar el medio ambiente tiene un coste, debemos evaluarlo para internalizarlo en cada uno de los procesos, e inducir a través del precio inversiones en este nuevo sector.

El sector energético está cambiando muy rápidamente y, dentro de veinticinco años, el modelo energético que tendremos no se parecerá en nada al que teníamos hace veinticinco años. Esto quiere decir, que están aflorando inmensas oportunidades para situarse en primera fila en el desarrollo de las tecnologías limpias y competitivas, que en el futuro podrán alcanzar una importante cuota de mercado. Pocos sectores económicos están en esta situación.

A continuación, se presenta una figura en la que la empresa BP (British Petroleum) analiza los elementos clave de nuestro futuro energético.

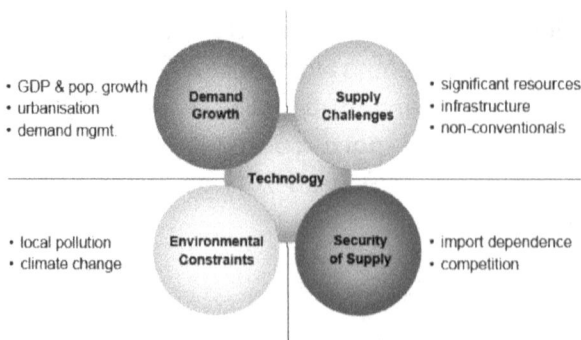

Esta importante empresa petrolífera, situa en el centro de su modelo de factores clave a la tecnologia que, según ellos, implicará o estará en la base del cambio en los otros factores: el crecimiento de la demanda, los retos de sumininstro, las restricciones ambientales y la seguridad de suministro. En cualquier caso, todos estos factores, junto con las políticas públicas, serán determinantes del futuro energético del mundo.

Seguidamente, veremos veamos cuales son los principales retos de cada una de las fuentes energéticas que tendrán un papel sobresaliente en el futuro.

8.3

Energía y sostenibilidad 3

EN EL APARTADO ANTERIOR VIMOS LOS RETOS DEL SECTOR ENERGÉTICO EN GENERAL. EN EL PRESENTE ARTÍCULO, REPASAREMOS LOS PRINCIPALES RETOS DE CADA UNA DE LAS FUENTES ENERGÉTICAS QUE TENDRÁN UN PAPEL SOBRESALIENTE EN EL FUTURO. DIVIDIREMOS EL ANÁLISIS EN LAS TRES ACTIVIDADES HUMANAS MÁS IMPORTANTES DESDE EL PUNTO DE VISTA ENERGÉTICO: EL TRANSPORTE, LA GENERACIÓN DE ELECTRICIDAD Y EL AHORRO Y LA EFICIENCIA ENERGÉTICA.

---

1. Transporte:

Según las estimaciones de las compañías petroleras y de la IEA (*International Energy Agency*), la disponibilidad del petróleo es limitada en el tiempo debido a que el descubrimiento de nuevos yacimientos de petróleo prácticamente ya no cubre el volumen de la actual demanda; En la figura siguiente se aprecian las estimaciones de la empresa BP para el petróleo, el gas y el carbón.

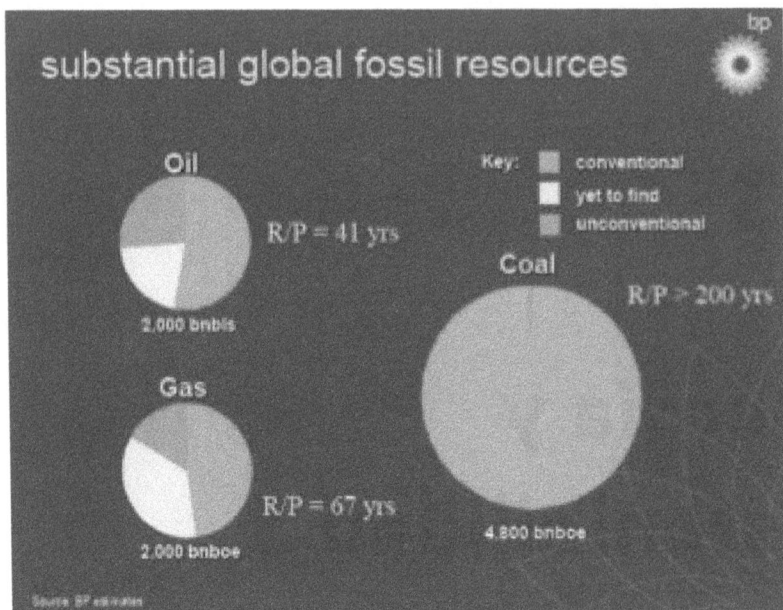

Debido a la gran dependencia del petróleo del sector del transporte, y más allá de situaciones coyunturales como la que vivimos actualmente, se estima que esas expectativas limitadas de recursos se traducirán en el futuro en fuertes incrementos de precio, que motivarán la búsqueda de alternativas que quizá hasta hoy no resultaban económicas. Esta tendencia hará que el consumo de petróleo disminuya paulatinamente y las reservas se alarguen, manteniendo esta fuente energética una vida más larga para aplicaciones específicas, pero con precios más elevados.

Debe destacarse también, el esfuerzo del sector del automóvil para disminuir el consumo y la emisión de CO_2, obligados por las normativas de algunos países industrializados (UE, California y Japón), que se traducirá en un menor crecimiento del consumo y en la búsqueda de alternativas (motores híbridos).

El control de las fuentes del petróleo ha provocado decisiones políticas de apoyo a fuentes alternativas en Europa y en EEUU. Las alternativas al petróleo en el sector del transporte son: los biocombustibles, el hidrógeno y la electricidad.

- **Biocombustibles:** también llamados agrocombustibles, utilizan productos y subproductos agrícolas para producir bioetanol y biodiesel que puede ser utilizado en los motores de los vehículos con rendimiento similar. Actualmente los biocombustibles utilizan cultivos que están presentes en la cadena de alimentación (maíz, soja, palma, etc.) y que, utilizados en forma masiva, podrían llegar a entrar en conflicto con ella. Sin embargo, se está desarrollando tecnología para la llamada segunda generación de biocombustibles basados en el aprovechamiento de cultivos lignocelulósicos y herbáceos. Grandes compañías del sector químico, petroleras, de explotaciones forestales y energéticas están posicionándose en el sector.

- **Hidrógeno:** El hidrógeno puede ser utilizado en las células de combustible de los automóviles. Debe tenerse en cuenta, sin embargo, que el hidrógeno no es en sí mismo un combustible sino un "*carrier*", es decir, debemos producir hidrógeno a partir de otras fuentes energéticas, almacenarlo, transportarlo y utilizarlo en los vehículos. El rendimiento de toda esa cadena y su coste son elementos clave que deben tenerse en cuenta al evaluar el balance energético de todo el sistema. Asimismo, la emisión de CO_2, dependerá de la fuente utilizada para producir el hidrógeno. Por otra parte, el desarrollo de las células de combustible todavía no permite una aplicación masiva ya que su coste es muy elevado. Ese es el gran reto tecnológico, en el que ya están invirtiendo no solo los fabricantes de automóviles sino grandes compañías de gas, para posibles aplicaciones domésticas. La gran ventaja del hidrógeno es la escasa dependencia energética que genera en comparación con el petróleo.

- **Electricidad:** La tercera alternativa al petróleo en el transporte es la electricidad. De manera similar al hidrógeno, es necesario analizar el balance energético de todo el sistema para evaluar el coste y la emisión de CO_2. El reto principal de esta aplicación está en las baterías; su peso y capacidad son los elementos clave para dotar de suficiente autonomía y rendimiento al vehículo. Sin embargo, en los últimos años, gracias al avance en el campo de los nanomateriales, se están consiguiendo unos resultados sorprendentes que podrían hacer viable su aplicación masiva.

2. Generación de Electricidad:

Carbón:

El carbón es la principal fuente de generación de electricidad en el mundo. Las principales ventajas son: es abundante, hay diversidad geográfica que no implica tensiones geopolíticas, y es barato. Aunque su grave inconveniente es la emisión de CO_2.

Conscientes de que en muchos años no se podrá prescindir del carbón como fuente energética, los gobiernos han decidido impulsar la investigación y el desarrollo de tecnologías de "carbón limpio", es decir, aplicando sistemas de Captura y Confinamiento de CO_2 a las centrales térmicas convencionales y especialmente a las de nueva construcción.

Dichas tecnologías, ya en aplicación en algunas centrales comerciales en varios países, tienen de momento unos costes relativamente elevados, aunque se estima podrán ser competitivos en unos años, ya sea por el incremento del coste de emisiones (reflejado en la evolución estimada en los próximos años en el esquema de comercio de emisiones impulsado por la UE), como por el incremento del precio del gas (marcado por la evolución del precio del petróleo), como por su propio desarrollo tecnológico.

Fisión nuclear:

La energía nuclear de fisión vuelve a iniciar un tímido despegue debido al control de pocos países de las fuentes de suministro del gas natural, y a la baja emisión de CO2. Sin embargo, el rechazo social en la mayoría de países desarrollados es muy elevado y no se estima que tenga un desarrollo significativo en los próximos 20 años.

Algunas expectativas se centran en la tecnología de cuarta generación, con la que algunos científicos piensan que se podría obtener una seguridad mucho más elevada, y un tratamiento interno de los residuos que no hipoteque el futuro de la humanidad.

Fusión nuclear:

La iniciativa lanzada por la mayor parte de los países industrializados, con Europa a la cabeza, para investigar en la energía nuclear de fusión, ha tenido como principal consecuencia la decisión de construir una central de ensayos en Cadarache (Francia) que será proyectada desde la sede de la Agencia Europea de Fusión en Barcelona.

Es una apuesta muy arriesgada desde el punto de vista energético, pero de gran valor añadido desde el punto de vista tecnológico e industrial, puesto que servirá para desarrollar nuevas tecnologías de aplicación a otros campos del conocimiento y de la industria (superconductividad, plasma, materiales, …).

En cualquier caso, se estima que aún siendo muy optimistas, el aprovechamiento comercial de esta fuente energética no se daría antes de 40 o 50 años y, por tanto y teniendo en cuenta las incertidumbres tecnológicas que conlleva, ningún organismo lo tiene en cuenta en sus escenarios de futuro.

Gas natural:

Es la fuente energética fósil que mayor crecimiento ha tenido en los últimos años, y se estima que continuará con esta tendencia.

Si bien se estima que las existencias son mayores que las del petróleo, también existe una limitación relativamente cercana (70 años). Además, es un importante emisor de CO_2 al que probablemente deberán aplicarse las tecnologías de captura y confinamiento en el futuro.

Desde el punto de vista de la seguridad de suministro, el gas está controlado por cuatro países: Qatar, Argelia, Irán y Rusia, y está provocando conflictos entre países por el control de los gaseoductos, que únicamente pueden paliarse parcialmente mediante el uso del Gas Natural Licuado (GNL) que al transportarse en barco, disminuye el riesgo y uniformiza los precios de los distintos mercados mundiales.

Eólica:

Lu energía eólica es la de mayor impacto entre las renovables, al haber conseguido un umbral de rentabilidad muy cercano a la generación convencional. Si tenemos en cuenta los costes de emisión de CO_2, la eólica resulta más rentable.

El desarrollo de la eólica ha estado liderado por la decisión de la UE de apoyar las renovables y liderar el cambio climático; con ello, ha conseguido que la mayor parte de la industria eólica esté controlada por empresas europeas. Los países que más fuerte han apoyado esta tecnología han sido: Dinamarca, Alemania, España (hasta fecha reciente), EEUU, e India. Hoy prácticamente todos los países tienen programas de implantación de energía eólica, y forma parte ya del mix energético de muchos países.

Desde el punto de vista tecnológico, el desarrollo está muy consolidado y son las grandes compañías fabricantes de bienes de equipo eléctrico y suministradoras de plantas de energía "llave en mano" las que están tomando posiciones, al ver que este tipo de equipos formarán parte del mix energético futuro en todo el mundo.

Hidráulica:

Es la energía renovable de mayor aplicación para producción de electricidad, aunque actualmente se desarrolla muy poco debido al rechazo social a la implantación de nuevas instalaciones.

Solar Fotovoltaica

A pesar de la constante reducción de costes, la energía solar fotovoltaica es todavía demasiado cara para generación de electricidad conectada a la red. Sin embargo, en los dos últimos años se han incrementado muy significativamente las inversiones en I+D y en nuevas plantas industriales de producción de módulos fotovoltaicos, ello ha sido debido a los elevados incentivos que algunos países han implantado para provocar el despegue industrial y la consiguiente rebaja de costes, por mayor volumen y a través de mayor inversión en investigación. Los retos tecnológicos están en el ámbito de los materiales. Las tecnologías que se estima tendrán éxito están relacionadas con la disminución de silicio necesario para fabricar un módulo, con los dispositivos ópticos y con el incremento de eficiencia de materiales hasta hoy poco utilizados (GaAs, InP, Ge y orgánicos).

Solar Termoeléctrica

También conocida como CSP (Concentration Solar Power), está empezando a desarrollarse comercialmente, y España está compitiendo con EEUU para liderar el mercado mundial.

Existen tres tecnologías (de torre, cilindro-parabólica y de disco) que deben ser experimentadas en plantas industriales de gran tamaño para conocer en detalle sus costes y su funcionamiento. Se estima que existe suficiente recorrido en el desarrollo tecnológico, no excesivamente sofisticado, para que llegue a convertirse en una fuente energética competitiva en zonas de elevada insolación, y de manera especial en combinación con gas natural.

Geotermia:

Los estudios y las plantas de demostración existentes concluyen que para conseguir un coste competitivo mediante energía geotérmica el elemento clave es el coste de perforación. Debe perforarse a más de 3.000m para obtener un buen rendimiento energético. Existen zonas en las que estas condiciones se dan más cerca de la corteza terrestre y, por tanto, serán rentables.

3.   Ahorro y Eficiencia Energética

La Comisión Europea presentó en octubre de 2006 su Plan de acción sobre eficiencia energética, dando así un gran paso adelante para resolver los desafíos sin precedentes que afronta en la actualidad la Unión Europea.

El Plan comprende un paquete de medidas prioritarias que abarcan un amplio abanico de iniciativas dirigidas a aumentar de forma rentable la eficiencia energética. Entre ellas se cuentan medidas para que los aparatos que consumen energía, los edificios, el transporte y la producción en si de energía resulten más eficientes. Se proponen nuevas normas de eficiencia más rigurosas, el fomento de servicios energéticos y mecanismos específicos de financiación para apoyar productos de mayor eficiencia energética. En este campo se están generando enormes oportunidades de negocio en el sector de la eficiencia energética; puede convertirse en una oportunidad para las empresas del sector de aparallaje, de sistemas de control y de servicios energéticos para incorporar nuevos productos y servicios mediante la innovación tecnológica a un nuevo mercado naciente.

innopr∴

CONSULTING

Impreso por BARCINO
Impreso en Barcelona, 2016